CONSTANTINI EPISCOPI URBIS SIOUT

ENCOMIA IN ATHANASIUM DUO

CORPUS

SCRIPTORUM CHRISTIANORUM ORIENTALIUM

EDITUM CONSILIO

UNIVERSITATIS CATHOLICAE AMERICAE

ET UNIVERSITATIS CATHOLICAE LOVANIENSIS

Vol. 350

SCRIPTORES COPTICI

TOMUS 38

# CONSTANTINI EPISCOPI URBIS SIOUT

## ENCOMIA IN ATHANASIUM DUO

INTERPRETATUS EST

Titus ORLANDI

LOUVAIN

Secrétariat du CorpusSCO

Waversebaan, 49

1974

Imprimerie Orientaliste, s.p.r.l., Louvain (Belgique)

D/1974/0602/12

# INTRODUZIONE

## 1. L'Autore

Costantino d'Assiut è un personaggio sufficientemente noto nell'ambito della letteratura copta, da quando il Garitte ne fece l'oggetto di un accurato ed esauriente profilo [1]. I risultati di quell'indagine sono ancora oggi validi, così come, del resto, sono rimasti irrisolti i problemi che il Garitte lasciò allora nel dubbio.

Noi ci limiteremo a riassumere brevemente le notizie principali riguardanti la vita e l'opera di Costantino, convinti che luce nuova su di lui si potrà ottenere solo da una più completa indagine su quanto si sa circa gli scrittori copti del periodo del patriarca Damiano [2].

*La vita.*

La notizia principale su Costantino è fornita dallo storico copto-arabo Severo di Ashmunein nel capitolo riguardante Damiano (578-604) nella *Storia dei Patriarchi di Alessandria* : « Et il y eut de son temps des évêques qui le remplissaient d'admiration pour leur pureté et leur mérite, et parmi eux Jean de Burlus, et Jean son disciple, et Constantin l'évêque, et Jean le bienheureux reclus, et beaucoup d'autres » [3].

Non vi è ormai dubbio che il Costantino di cui si parla sia il nostro autore, che dunque fu vescovo di Assiut in quel periodo. L'unica notizia autobiografica precisa di Costantino stesso è contenuta nel *I Encomio di Claudio* : « Et je me rappelle ce que j'ai vu de mes yeux dans le sanctuaire de ce saint, (...). Le roi Anastase avait envoyé dans le sud, en Égypte, un agent impérial... » [4]. Da essa, e dall'episodio

---

[1] G. GARITTE, *Constantin, évêque d'Assiout*, in : *Coptic Studies in Honor of W. E. Crum*, Boston, 1950, p. 287-304. Cf. anche la bibliografia ivi citata.

[2] Citeremo i nomi di Pisenzio di Keft, Giovanni di Shmun, Giovanni di Parallos, Rufus di Shotep.

[3] Accogliamo il testo emendato e tradotto dal Garitte (cit. alla nota 1; p. 298). Cf. Severo, ed. EVETTS, *Patrologia Orientalis*,, vol. I, p. 477; ed. SEYBOLD, C.S.C.O., Paris, 1904, p. 100.

[4] G. GODRON, *Textes coptes relatifs à saint Claude d'Antioche, Patrologia Orientalis*, vol. XXXV, p. 583, linn. 17-19.

che la segue, si ricaverebbe che Costantino era già presbitero al tempo
dell'imperatore Anastasio (491-518). Ciò contrasta sia con la notizia
di Severo, sia col titolo *arabo* del *II Encomio di Claudio*, secondo cui
Costantino era ancora operante al tempo di Andronico (patriarca dal
616 al 623), a meno che non si voglia accogliere l'ipotesi di un Costantino vissuto ed operante assai più che centenario.

Secondo noi. in verità, è preferibile non tener conto dei « titoli »
contenuti nei manoscritti, la cui tradizione, sia in copto, sia tanto
più in arabo, è assai confusa. Infatti, per esempio, il titolo dello stesso
encomio, contenuto in un altro manoscritto arabo, di Firenze, contrad-
dice (in altre cose) al titolo del manoscritto di Parigi [5]. D'altra parte,
la notizia di Severo non ci sembra possa essere contestata, sia per la
serietà dell'autore, sia per la coincidenza con un altro brano di Costantino, citato più sotto, sui suoi rapporti con Rufus di Shotep. Inoltre i
due *Encomi di Claudio* ci sembrano autentici. Non resta che ricorrere
all'ipotesi già emessa dal Drescher [6] dell'inattendibilità del nome
dell'imperatore. Oltre alle considerazioni da lui fatte a tal proposito,
vorremmo aggiungere che Costantino, per un pubblico disposto ad
accettare (anzi, a pretendere) narrazioni come quella di cui si parla,
non si sarà certo preoccupato di scegliere il nome di un imperatore
cronologicamente plausibile; col che non è nemmeno necessario supporre un errore nel codice. Si noti, piuttosto, che è (prudentemente?)
omesso il nome del $\mu\alpha\gamma\iota\sigma\tau\rho\iota\alpha\nu\acute{o}\varsigma$, di cui la popolazione di Assiut,
Achmim e Sohag si sarebbe dovuta ricordare.

Quello che è possibile affermare con una certa sicurezza, è che
Costantino era vescovo nel 598, quando partecipò alla consacrazione
di Pisenzio di Ermont, insieme con Pisenzio di Keft [7]. Un'altra notizia
interessante, cioè che egli fu compagno di Rufus, poi vescovo di
Shotep, come monaco e studente di « teologia », si ricava da un fram-
mento di sinassario [8], e anche da un passaggio autobiografico del
*II Encomio di Claudio* : « Voilà ce que j'ai trouvé dans la bibliothèque
de Cappadoce, au temps où je faisais route avec mon frère Apa Rufus,

---

[5] Cf. Garitte, cit. alla nota 1 ; p. 292.

[6] J. DRESCHER, *Apa Claudius and the Thieves*, « Bull. Soc. d'Arch. Copte », 8 (1942),
p. 63-86; cf. p. 64.

[7] Tale notizia è data dal sinassario copto-arabo; poiché le edizioni del sinassario sono
in questo punto incomplete (giorno 20 kihak), occorre riferirsi a W. E. CRUM, *Monastery
of Epiphanius*, vol. I, New York, 1926, p. 136; Garitte, cit. alla nota 1 ; p. 303.

[8] Crum, cit. alla nota 7 ; p. 300-301.

ermite comme moi, étant donné que nous nous rendions, cette année-là, à la ville sainte de Jérusalem, pour vénérer la croix, avant de venir ici » [9].

*Le opere.*

Oltre ai due encomi qui editi, sono conservati sotto il nome di Costantino :

a) due *Encomi di Claudio martire d'Antiochia* : testo saidico edito da G. GODRON, *Textes coptes relatifs à s. Claude d'Antioche* (*Patrologia Orientalis*, vol. XXXV, 4), Turnhout, 1970, p. 87-243. Per le traduzioni araba ed etiopica, cf. *op. cit.*, p. 417-418.

b) Un *Encomio di S. Giorgio* : testo saidico edito da G. GARITTE (*Le Muséon*, 67 [1954], p. 271-277) da un codice del Monastero Bianco.

c) Un *excerptum* boairico da un'omelia *Sulla Pasqua* (ed. BURMESTER, *Le Muséon*, 45 [1932], p. 48-50).

d) Un *Encomio di Giovanni martire d'Eraclea* ed un'omelia *Sulla caduta dell'anima*, tramandati da un certo numero di manoscritti arabi [10].

Costantino stesso cita da un'altra sua opera una frase riguardante i commercianti fraudolenti : « ... si iste fallit proximum suum sciens, etiamsi pro uno quadrante, *ut dixi*, si quod bonum umquam fecit, Deus ex eo auferet, et eum inveniet nudum ab omni bono » (*II Encomio di Atanasio*, cap. 3, 26 ; cf. cap. 3, 25).

E' da ricordare che il « Catalogo » del monastero di apa Helias menziona un *Encomio di Scenute* di un non meglio identificato apa Costantino, che potrebbe essere il nostro autore ; il testo non è comunque pervenuto [11].

Per tutti i testi tramandati in lingua copta, è lecito sollevare il problema se essi siano traduzioni dal greco od opere originali. In questo caso, data : a) l'epoca in cui visse Costantino ; b) le caratteristiche della cultura egiziana di quel periodo ; c) le caratteristiche dell'ambiente in cui agì Costantino (Alto Egitto) — crediamo di poter postulare una redazione copta originale.

---

[9] Godron, cit. alla nota 4 ; p. 615, linn. 24-27. Anche in questo caso, si noti comunque che Costantino non sarà certo stato in Cappadocia per andare a Gerusalemme.

[10] Cf. Garitte, cit. alla nota 1 ; p. 294-296.

[11] U. BOURIANT, *Catalogue de la Bibliothèque...*, « Recueil de Travaux... », 11 (1898), p. 131-138.

## 2. Aspetti letterari

1. I due *Encomi di Atanasio* rispettano le regole di uno schema assai preciso, e ben calibrato nelle parti che lo costituiscono. La stessa cosa, del resto, è possibile notare anche nei due *Encomi di Claudio*. Le caratteristiche letterarie che elencheremo non sono naturalmente originali di Costantino; esse rivelano piuttosto la sua preoccupazione di seguire quelle che egli riteneva le buone regole retoriche.

I nostri encomi comprendono ambedue : un prologo assai ampio; l'esposizione di tre episodi miracolosi, il cui protagonista è Atanasio; un *excursus* di vario carattere (nel primo encomio è storico, nel secondo etico); una conclusione meno ampia del prologo.

Entro questo schema, a renderlo unitario anche dal punto di vista della forma, oltre che da quello del contenuto, sono inserite delle forme compositive « ad anello ». Sono cioè ripetuti all'inizio ed alla fine delle diverse parti argomenti ed espressioni simili.

Ad esempio, il prologo del primo encomio si apre con la citazione biblica : « memoria iusti cum laudibus » (Prov. 10, 7; cf. cap. 1, 1), il cui commento non viene sviluppato molto, poiché dà subito luogo ad un'altra citazione, dal Nuovo Testamento. Essa però viene ripresa proprio alla fine del prologo, per sottolinearne la conclusione; ed allo stesso tempo forma il passaggio alla parte narrativa (cap. 2, 21).

All'interno stesso del prologo è compreso un episodio della vita di Mosé (cap. 1, 12-18) : esso è volto ad ammonire gli ascoltatori, affinchè prestino attenzione ai rimproveri dei sacerdoti. Ma è introdotto e concluso dalle stesse considerazioni sul comportamento parallelo di Atanasio e di Mosé : esse inseriscono l'episodio nel tema principale dell'encomio, e d'altra parte lo circoscrivono chiaramente nei confronti delle altre sue parti.

Nello stesso encomio, la narrazione del terzo miracolo è introdotta e conclusa (cap. 4, 37 e 39) dal medesimo concetto, quello cioè per cui è bene che le virtù dei santi e le azioni di Dio in loro favore siano proclamate ampiamente.

Nel secondo encomio, si incontra al principio ed alla fine (anche con esplicito richiamo; cap. 1, 3 e 5, 40) l'osservazione che ascoltare la vita di Atanasio serve da esempio e ammonizione per ogni genere di fedeli.

Affinché poi lo schema non sia solo formale, si nota l'introduzione di passaggi concettuali finemente articolati. Nel prologo del secondo

encomio, l'inizio è dedicato ad una citazione da S. Paolo; è quindi
introdotto il concetto della somiglianza di vita fra l'Apostolo e Atanasio, che fu appunto detto l'apostolico. Infine, viene l'invito a volgere
il pensiero senz'altro ad Atanasio, che assume così il ruolo previsto di
protagonista del proprio encomio (cap. 1, 2; 1, 4; 1, 6).

Anche il passaggio fra il prologo e la parte narrativa, nel primo
encomio, è costruito con molta accortezza. Costantino chiude l'*excursus*
su Mosé, rilevando come i pericoli che egli ha corso per la causa divina
sono ancora minori di quelli di Atanasio; egli non è stato in nulla
inferiore al grande Profeta, E' dunque il momento di venire alla
narrazione degli episodi miracolosi di cui egli stesso è stato protagonista (cap. 1, 19).

Per quanto riguarda gli *excursus* principali, interessante è soprattutto quello del secondo encomio, contro i commercianti fraudolenti.
Esso ci offre un quadro abbastanza interessante di un aspetto della
vita di ogni giorno (cap. 3, 25-27).

2. I nostri due encomi sono in stretta relazione con altre opere di
autori contemporanei a Costantino.

Nel primo encomio Costantino si scusa per aver ripreso un tema
(quello delle lodi di Atanasio) già svolto da parecchi degli antichi
Padri (cap. 6, 46-47). Lo stesso problema è affrontato da Giovanni
di Shmun nel suo *Encomio di Antonio eremita* [12] : mi sembra si possa
presumere che in un periodo, come quello, di rinascita culturale in
ambiente copto, ci si fosse posti la questione se valeva la pena di
rinnovare in parte il repertorio omiletico.

Giovanni risolve la questione in base a queste considerazioni : chi
fa qualcosa dopo che un altro l'ha fatta meglio, mostra la sua buona
volontà, e d'altra parte fa apparire migliore l'opera dell'altro; dunque
anche Atanasio ne sarà beneficato (§ 3). E' meglio fare qualcosa con
le proprie forze, che non fare niente del tutto : può darsi che Gesù
aiuti a fare un'opera non disprezzabile; è meglio onorare i Santi come
possiamo, piuttosto che passarli sotto silenzio (§§ 4-5).

Costantino ci sembra più originale : « Hoc fecimus, non quia laudationes patrum nostrorum sanctorum aliquid deficerent, quod nunc
adiecturi essemus, sed imitantes illos, qui parvas spicas carpunt post

---

[12] Ed. G. GARITTE, *Panégyrique de saint Antoine par Jean, évêque d'Hermopolis,*
« Orientalia Christ. Periodica », 9 (1943), p. 1-72.

messores, sperantes eos accepturos parva quae carpsimus, et adiecturos illis rebus, quae eis sunt » (cap. 6, 46). Mentre in Giovanni si nota
una semplice « captatio benevolentiae », Costantino pone l'accento sul
fatto che è necessario produrre qualcosa di nuovo, secondo le proprie forze, anche se il nuovo rischia di essere inferiore à ciò che è stato
già fatto. Ed in effetti, mentre Giovanni compie un semplice rifacimento della *Vita Antonii* di Atanasio, Costantino produce degli
encomi originali.

Particolare attenzione merita anche la grande somiglianza dell'inizio
del primo encomio con l'*Encomio di Onofrio anacoreta* di Pisenzio
di Keft [13]. Riteniamo opportuno riportare i passi più significativi di
Pisenzio : « Le saint apôtre, le docteur Paul, la langue de parfum, nous
a établi une loi que nous nous souvenions de nos chefs, *ceux qui vous
ont annoncé la parole de Dieu; ceux [dont en] considér[ant la haut]eur de
[la condu]ite, imi[tez leur foi]* [... qui] méprisent la loi de Dieu, y trouvent
occasion pour qu'ils ne se conforment pas aux saints, disant ces
(choses) avec excuses, en disant : Nous avons [...] ». « Puisque vous
avez entendu le commandement de l'apôtre, qui nous ordonne de
continuer à nous souvenir, ainsi qu'il dit : *Souvenez-vous de vos chefs,
ceux qui vous ont annoncé la parole de Dieu.* Et c'est pour cela que
vous avez [5 lignes perdues] Apa [Ouanofre, au jour de] sa commémo-
ration sainte. Écoutons le verset qui fait suite à celui-ci (et) qui dit :
*Imitez leur foi.* Or, en disant : *Imitez leur foi,* c'est ces saints-[là qu']il
nous [...] ».

Come si vede, ambedue gli autori hanno scelto il medesimo passo
biblico come esordio ; e il commento che ne fanno, ad introduzione dei
loro sermoni, è molto somigliante [14].

Il problema sollevato da questa « ripresa » letteraria mi pare interes-

---

[13] Ed. W. E. Crum, *Discours sur S. Onnophrius...*, « Rev. de l'Or. chrét. », 20 (1915-
1917), 43-83 ; v. p. 57-58.

[14] Sarà interessante anche confrontare un brano della *Vita Longini et Lucii ascetarum,*
contenuta nello stesso codice dei nostri encomii (Morg., ed. fot. vol. XXXVII). Tav.
178-179 : « Praesertim quia veritatis nuntius, doctor Paulus, hortatur (segue la citazione
da Heb. 13, 7) ; et quia Deus novit ea auxilio fore iis qui audient vitam eorum qui eam
transierint secundum voluntatem eius. Scripsit igitur per Spiritum Sanctum vitas
patriarcharum et ceterorum sanctorum quae sunt in Veteri et Novo Testamento, ut
non solum eas audiamus, sed etiam eorum genus imitemur, et nos ipsi mereamur promissionem quam Deus promisit iis qui eam amarent. Haec igitur cogitans mecum,
necessarium existimavi historiam attingere sanctorum et vobis eorum conversationem
commemorare ».

sante, e, per il momento, insolubile (finché almeno non saranno maggiormente approfonditi gli aspetti letterari di tutta l'epoca di Damiano). Possiamo però porre questi pochi punti fermi : la precedenza temporale non è sicuramente accertabile, ma farebbe propendere per Costantino. Pisenzio, d'altra parte, sembra fosse considerato un personaggio di primaria importanza, come appare dalle numerose *Vite* (una delle quali scritta probabilmente subito dopo la sua morte) che ne possediamo [15]; di Costantino non se ne possiede alcuna.

E' da escludere, per conto nostro, un rifacimento « polemico ». Non dovette essere intento di uno dei due autori dimostrare di saper svolgere un argomento meglio del predecessore. Si può invece ragionevolmente pensare ad un omaggio letterario, fatto presso un ambiente che conosceva bene l'opera dell'uno e dell'altro; in tal caso è da supporre che uno dei due riconoscesse l'altro come suo « maestro ».

Sta di fatto che il tema è stato ripreso, e svolto diversamente. Il problema, come dicevamo, non è per ora solubile, e sarà bastato attirarvi l'attenzione.

Dal punto di vista dei rapporti letterari, è interessante prendere in considerazione anche il brano contro gli eretici, che forma un piccolo *excursus* alla fine del secondo encomio (cap. 5, 31). In effetti, parlando di Atanasio, quel tema risulta abbastanza ovvio; ma occorre considerare che Costantino aveva inserito alcuni brani anti-meliziani nei due encomi di Claudio [16].

Ci sembra perciò utile richiamare a questo proposito l'opera di un contemporaneo di Costantino, Giovanni di Parallos, che scrisse appunto *Contra libros haereticorum* [17], nel quale confutava alcuni scritti di origine gnostica. E' molto probabile che l'argomento letterario dell'attacco agli eretici fosse divenuto, in quel periodo, nuovamente di attualità.

3. Molto stretti sono anche i rapporti di Costantino con i Padri antichi. Abbiamo già visto come egli mostri di conoscere gli encomi di Atanasio da essi scritti; desideriamo ora mostrare come in vari

---

[15] Giovanni presbitero, *Vita Pisentii*, ed. Budge, *Coptic Apocrypha*, London, 1913, p. 75-127. — Mosé di Keft, *Vita Pisentii*, ed. Amélineau, « Mémoires... Miss. arch. franç. au Caire », 4 (1888), p. 261-423. — Cf. la raccolta araba edita da O'Leary, *Patrologia Orientalis*, vol. 22, p. 313-488.

[16] Cf. Godron, cit. alla nota 4; p. 626-629, 664-667.

[17] Ed. A. Van Lantschoot, *Miscellanea Mercati*, vol. I, Roma, 1946, p. 296-299.

luoghi sembra che egli ne tragga degli spunti, e in sostanza li « citi ». Gli esempi che abbiamo raccolto non sono, beninteso, probanti ciascuno di per sè; ma pensiamo che lo siano nell'insieme. Alcuni potrebbero essere dei semplici « luoghi comuni », ma sarà interessante ugualmente fare degli accostamenti letterari, che generalmente sono omessi dagli editori delle opere copte.

Ecco i passi paralleli con l'*Encomio di Atanasio* attribuito in copto a Cirillo alessandrino [18].

| Costantino, *Enc. I.* | Cirillo. |
|---|---|
| 1, 2 : ... Athanasio... qui os clausit blasphemiae impii Arii, qui ausus est ...<loqui contra> creatorem unigenitum Verbum Dei patris... (cf. 1, 11 : ... cum adhuc esset diaconus, ... ferre non poterat videre fidem orthodoxam offendi et calumniari...). | p. 57, 49-53 : anche Atanasio era presente, mentre Ario diceva una quantità di parole, bestemmiando aspramente contro il nostro Dio Gesù, il Cristo. Allora disse Atanasio : taci ora, chiudi la bocca a queste bestemmie. |
| 4, 37 : Bonum est autem nos referre vobis aliud quoque miraculum, ad gloriam Dei, secundum sententiam sancti angeli Raphaelis, quam dixit ad Tobit (Tob. 12, 7)... | p. 67, 360-362 : Possa quegli sapere da un esempio, che è giusto divulgare la gloria di Cristo, piuttosto che nasconderla (cf. Tob. 12, 7). |
| *Enc. II.* 2, 13 : ... ire solet contra morbosas passiones, quae fugiunt ante eius vituperationem ut ante leonem. | p. 55, 5-8 : Ed egli disse : il nostro leone, il segretario... Atanasio. |
| 4, 28 : Credite mihi, quotiescumque eum nomino, sentio dulcedinem invadentem cor meum, fluentem ex ore meo... | p. 60, 158-161 : Chi potrà descrivere la piacevolezza dei suoi discorsi ? Quando io li leggo, mi sento quasi come se fossi con Cristo, in ogni momento, per la bellezza delle sue parole. |

Anche dall'*Encomio di Atanasio* di Gregorio di Nazianzo, che abbiamo in greco, ma di cui esisteva anche una versione copta [19], Costantino riecheggia alcuni passi. Eccone l'elenco :

| Costantino, *Enc. I.* | Gregorio [20]. |
|---|---|
| 1, 20 : Quapropter tacebo indignationem Constantini imperatoris in eum; et | Col. 1097 : εἴ τις ὑμῶν οἶδε τὴν χεῖρα, ἣν ὁ ἅγιος κατεψεύσθη, καὶ |

---

[18] Ed. T. ORLANDI, *Testi copti*, Milano, 1968, p. 17-40; trad. p. 55-71.

[19] Ed. T. ORLANDI, *Le Muséon*, 83 (1970), p. 351-366.

[20] MIGNE, *Patrologia Graeca*, vol. 35, coll. 1081-1128.

malignam manum mortuam, quae omnibus calumniam cognoscendam obtulit;
et insidiosa mendacia quae illata sunt in
illum magnum.

τὸν ζώντα νεκρόν, καὶ τὴν ἄδικον
ἐξορίαν, οἶδεν ὃ λέγω. πλὴν τοῦτο
μὲν ἑκὼν ἐπιλήσομαι.

2, 23 : ... magnus Athanasius, conciliator inter Deum et homines, sponsor...

Col. 1104 : ὁ μέγας 'Αθανάσιος,
ὥσπερ τῶν ἄλλων ἁπάντων μεσί-
της καὶ διαλλακτὴς ἦν ...

3, 21 : Postquam ad Ecclesiam rediit
cum fiducia, tum putaremus eum mala
pro malis reddidisse. At non accidit hoc,
absit !, quinimmo fecit plurima etiam
bona pro malis quae fecerant ei (cf.
Enc. I, 1, 9 : ... philanthropia erga eos
qui surrexerunt contra eum...)

Col. 1117 : ὁμοῦ τε γὰρ τὴν
'Εκκλησίαν καταλαμβάνει, καὶ οὐ
πάσχει ταὐτὸν τοῖς δι' ἀμετρίαν
ὀργῆς τυφλωττοῦσι ... ἀλλὰ τοῦτο
μάλιστα εὐδοκιμήσεως αὐτῶι και-
ρὸν εἶναι νομίσας ... οὕτω πράως
καὶ ἡπίως τὰ τῶν λελυπηκότων
μεταχειρίζεται, ὡς μηδὲ αὐτοῖς
ἐκείνοις, εἰ οἷόν τε τοῦτο εἰπεῖν,
ἀηδὴ γενέσθαι τοῦ ἀνδρὸς τὴν
ἐπάνοδον.

Inoltre il paragrafo 5 del capitolo 1 del primo encomio, che sarebbe
troppo lungo riportare, e che mette a confronto le qualità dei Padri
antichi rispetta ad Atanasio, che li eguaglia o li supera, sembra essere
ripreso dai capitoli 3 e 4 dell'encomio di Gregorio. Ciò anche se quest'ul-
timo afferma che Atanasio avevà ciascuna delle virtû principali dei
Padri, mentre Costantino mette in rilievo la qualità unica di « apostolico » rispetto alle altre.

Altri passi di Costantino sembrano avere un rapporto di parentela
con la Vita Athanasii anonima [21], una compilazione tardiva da ambiente monastico. E' tanto più difficile, in questo caso, affermare se
veramente Costantino abbia attinto al testo, quale ci è pervenuto
tramite tre manoscritti (non completi), di cui non conosciamo bene
la diffusione e lo scopo. Ma sarà ugualmente opportuno segnalare le
coincidenze :

Costantino, Enc. I.
1, 2 : ... impii Arii, qui ausus est, lingua sua secari digna, <loqui contra>

Vita anonyma.
p. 125, 136-138 : ...egli dice con la sua
lingua degna di essere tagliata e la sua

[21] Ed. Orlandi, cit. alla nota 18; p. 87-110; trad. p. 121-137.

creatorem unigenitum Verbum Dei patris...

bocca degna di essere bruciata, che il figlio di Dio è una creatura.

2, 25 : Et statim ille, ... qui dicit : « clamabis et dicet : ecce adsum », respexit orationem iusti...

p. 122, 48-50 : Ci ascoltò colui che disse : « mentre ancora stai parlando, dirà : ecco sono vicino ».

2, 27 : ...rediit ad Ecclesiam cum omni populo, fecit magnam synaxin, cum omnis populus cum eo convenisset, et civitas omnis convenisset, laudantes Deum...

p. 130, 330-331 e 131, 341-342 : ... uscirono tutti dalla città gridando : « Uno è il Dio, di Atanasio... ». Queste cose la città tutta diceva, tanto da essere scossa per la grande moltitudine.

Anche il cap. 4, 32 del secondo encomio, dove è fatta una specie di riassunto del « Credo », può rispecchiare il lungo brano del « Credo » nella *Vita Athanasii* (p. 104-105).

Venendo ad un altro episodio, il miracolo della salvazione di Alessandria dalla « grande mareggiata » (*Enc. I*, cap. 2), l'unico testo che corrisponde anche nei particolari alla narrazione di Costantino è quello dello storico egiziano del VII secolo Giovanni di Nikiu [23]. E' da escludere la derivazione di Giovanni da Costantino ; ambedue dipenderanno piuttosto da una fonte comune, probabilmente cronachistica. Si noterà soprattutto il gesto di Atanasio, che eleva al cielo la Bibbia, aperta nel luogo dove Dio promette a Noé di non mandare un altro cataclisma. Manca invece in Giovanni di Nikiu la notizia dell'istituzione della festa dell' ἡμέρα φόβου.

4. Concluderemo questa parte, rilevando due citazioni dirette, da autori egiziani, Atanasio e Scenute, che Costantino conosceva in copto. Di Atanasio è riferita una frase abbastanza lunga, contenuta in un'opera diretta ad un gruppo di monache [24]; per essa non abbiamo

---

[23] Ed. ZOTENBERG, *Chronique de Jean, évêque de Nikiou*, Paris, 1883; cf. la traduzione inglese di CHARLES, London, 1916, p. 84 : « When the sea rose against the city of Alexandria, and, threatening an inundation, had already advanced to a place called Heptastadion, the venerable father accompanied by all the priests went forth to the borders of the sea, and holding in his hand the book of the holy Law he raised his hand to heaven and said : « O Lord, Thou God who liest not, it is Thou that didst promise to Noah after the flood and say : 'I will not again bring a flood of waters upon the earth'. And after these words of the saint the sea returned to its place and the wrath of God was appeased. »

[24] Encomio II, cap. 1, 11.

trovato alcun riscontro nelle opere note di Atanasio, come del resto non
l'aveva trovato il Lefort, che per primo segnalò questo passo [25].

Di Scenute abbiamo una sicura citazione nel secondo encomio,
cap. 1, 7 : Costantino allude all'autore semplicemente come « il profeta », il che proverebbe che quest'opera di Scenute era ben nota al
suo pubblico. Essa non è giunta completa, ma in frammenti di due
codici già del Monastero Bianco; il Leipoldt la intitola *De bonis et
malis operibus* [26]. La frase di Costantino (ⲘⲠⲈⲢⲦⲢⲈ ⲢⲰⲘⲈ ⲦⲀⲒⲞⲒ
ⲈⲦⲂⲈ ⲢⲀⲚ ϨⲒ ⲤⲬⲎⲘⲀ · ⲞⲨⲠⲈⲦϢⲞⲨⲈⲒⲦ ⲄⲀⲢ ⲠⲈ) più che riportare alla
lettera il testo di Scenute, allude sinteticamente al suo significato,
con parole simili. In quello, infatti, abbiamo queste frasi, che possono
fornire il termine di paragone : ⲘⲚⲢⲀⲚ ⲞⲨⲆⲈ ⲤⲬⲎⲘⲀ ⲚⲀϢ ⲂⲞⲎⲐⲈⲒ
ⲈⲢⲞⲚ (p. 3, 13); ... ⲘⲚⲢⲰⲘⲈ ϪⲰⲤⲈ ⲈⲦⲂⲈ ⲢⲀⲚ ϨⲒ ⲤⲬⲎⲘⲀ (p. 4, 2);
ⲈⲢⲈ ⲢⲀⲚ ϨⲒ ⲤⲬⲎⲘⲀ ⲚⲀϢⲢ ⲞⲨ ⲚⲀⲚ ⲀϪⲚ ⲦⲂⲂⲞ; (p. 3, 9);
... ⲀⲚⲞⲚ ⲚⲈⲦⲪⲞⲢⲈⲒ ⲘⲠⲢⲀⲚ ⲘⲚ ⲚⲈⲤⲬⲎⲘⲀ (p. 3, 15) [27]. Del resto,
che Costantino non sia accurato nelle citazioni, è provato anche dal
modo con cui riporta i passi biblici.

E' poi molto probabile che altre due frasi dello stesso paragrafo
siano tratte da Scenute, anche se non abbiamo potuto trovarne l'origine precisa : « Quapropter profecto dixerunt : principes perditionem
induentur » e : « haec ergo dicit eos vituperans : praesides sunt surdi
et comites calumniatarum, amantes accipiendi dona, peccatum sectantes et ambitiosi ».

Dalle analisi precedenti appare che la cultura letteraria di Costantino era discretamente vasta, rispetto ai suoi tempi ed al suo ambiente.
Essa comprendeva i maggiori autori ecclesiastici sia di lingua greca
(ma conosciuti probabilmente in copto), sia propriamente egiziani.

### 3. Occasione degli encomi e loro relazione

Sembra abbastanza chiaro che ambedue gli encomi furono pronunciati il giorno della commemorazione di Atanasio; ce lo dicono i

---

[25] L.-Th. LEFORT, *S. Athanase, Lettres festales et pastorales*, C.S.C.O. 150; 151, Louvain,
1965; vol. I, p. 109 (cf. p. XXVIII).

[26] J. LEIPOLDT, *Sinuthii archimandritae opera*, C.S.C.O. 42; 73, Paris, 1908-1913;
vol. II, p. 2-5.

[27] Per argomentazioni simili, cf. anche l'omelia di Scenute *Sul giudizio finale*, ed.
ROSSI, *I Papiri copti del Museo Egizio di Torino*, Torino, 1887-1892, vol. II, fasc. 3,
col. 27-29.

titoli, premessi nel codice al testo, e ce lo confermano i due inizi, che alludono (specialmente il secondo) ad una particolare ricorrenza per cui molta folla è convenuta nella Chiesa : evidentemente la festa di Atanasio.

E' impossibile invece stabilire il luogo nel quale essi furono pronunciati. Sembrerebbe da escludere Alessandria, in quanto nella relazione di un evento miracoloso si parla degli alessandrini in terza persona (« ... faciunt hanc magnam synaxin quotannis... », *Enc. I*, 2, 27). Si può dunque pensare che gli encomi siano stati predicati per la prima volta ad Assiut, sede episcopale di Costantino, ma questa non è che un'ipotesi.

Anche l'anno è assolutamente impossibile a stabilirsi : si può pensare al periodo fra il 590 e il 600, nel quale egli doveva essere già vescovo, e d'altra parte abbastanza autorevole (cf. sopra).

Occorrerà anche prendere in considerazione il problema sollevato dal fatto che gli encomi sono due; si può infatti pensare che uno solo di essi fosse quello autentico, e gliene sia stato aggiunto un altro più tardi.

Contro questa ipotesi sta prima di tutto l'esempio degli altri due encomi pronunciati da Costantino, quelli su Claudio. Stando a considerazioni stilistiche, è lecito pensare che essi siano precedenti a quelli su Atanasio, e testimonierebbero di una sua usanza di sdoppiare le omelie commemorative.

La necessità di sdoppiare la commemorazione di Claudio è derivata soprattutto (noi crediamo) dalla lunghezza della narrazione della vita del Santo, che infatti è divisa in due; la corrispettiva parte nel secondo encomio inizia esattamente dove si era interrotta quella del primo.

La medesima necessità non può, è vero, essere invocata per gli encomi di Atanasio, nei quali sono narrati solamente singoli episodi staccati. E' probabile tuttavia che Costantino abbia voluto tener fede ad una sua consuetudine. Infatti, in favore della genuinità di ambedue gli encomi stanno altri fattori. Importante soprattutto è la « σφρηγίς » contenuta nel secondo encomio, in cui Costantino si nomina esplicitamente e si dichiara autore di ambedue gli encomi [28].

Inoltre non è riscontrabile nessuna reduplicazione di argomenti ed episodi fra le due opere, cosa che sarebbe facilmente avvenuta, nel caso di una « imitazione ». I due encomi sono invece complementari

---

[28] Encomio II, cap. 5, 2.

fra loro : il primo verte soprattutto su fatti miracolosi, e su festività che da essi ebbero origine ; il secondo verte invece su episodi « storici », anche se ciascuno di essi si risolve pure con un miracolo. Se nel secondo è contenuta la « σφρηγίς », nel primo troviamo la giustificazione « letteraria » [29], che nell'altro non appare.

Noteremo ancora che il secondo encomio (14 pagine del ms. A) è parecchio più breve del primo (20 pagg.), ed è più infarcito di citazioni bibliche (38 circa nel primo ; 36 circa nel secondo, che è più breve). La parte finale del secondo (§ 32), quella che secondo la regola si riferisce direttamente alle lodi di Cristo, in chiusura dell'omelia, è assai più estesa di quella analoga del primo (§ 51).

A questo punto crediamo lecito proporre due ipotesi. Si può pensare ad una commemorazione particolarmente solenne di colui che era considerato il padre della Chiesa egiziana [30], durata forse più giorni, durante la quale Costantino abbia avuto occasione di prendere per due volte la parola, forse all'inizio ed alla fine. Oppure si può pensare a due omelie composte in anni diversi per la medesima occasione, procedimento di cui si trovano non rari esempi nella Patristica greca, e nelle quali Costantino abbia accuratamente evitato di ripetersi, nella scelta degli argomenti.

## 4. ELEMENTI STORICI

Alcuni elementi della cultura di Costantino potranno essere illuminati dall'esame degli episodi storici che egli conosce, e che introduce nelle due omelie.

Nel primo encomio vi è un acceno soltanto al comportamento dell'imperatore Costantino nei riguardi di Atanasio (cap. 1, 20) : Costantino sa, ad ogni modo, che tale comportamento non fu benevolo. Questa notizia poteva essere agevolmente ricavata dall'encomio di Gregorio nazianzeno [31], oltre che dagli storici ecclesiastici più antichi ; inoltre dalle fonti più propriamente copte [32].

[29] Cf. sopra, p. IX-X.

[30] Si tenga presente che l'epoca di Damiano segnò una « rinascita » letteraria copta (cf. sopra, nota 2) ; logico quindi che si rinverdisse la memoria delle glorie egiziane. Cf. anche gli encomi di Marco evangelista e Antonio anacoreta di Giovanni di Shmun (ed. ORLANDI, Studi copti, Milano, 1968, p. 7-52, per il primo ; per il secondo, ed. GARITTE, cit. alla nota 12).

[31] MIGNE, Patrologia Graeca, vol. 35, col. 1081-1128.

[32] Cf. Storia della Chiesa di Alessandria, ed. ORLANDI, Milano, 1968, vol. I, p. 26 (trad. p. 59) ; Cirillo, Encomio di Atanasio (cit. alla nota 18), p. 26 (trad. p. 61).

Un altro accenno vi è alla questione della falsa uccisione di Arsenio (cap. 1, 20) : questo episodio è molto noto presso tutte le fonti, e verrà ripreso più ampiamente nel secondo encomio.

Facendo un breve *excursus* su Nicea, Costantino riporta la testimonianza di alcuni partecipanti, volta a dimostrare la presenza effettiva dello Spirito Santo nell'aula del concilio (cap. 5, 1). Questa leggenda, che non traviamo esattamente uguale in altri testi, sarà tuttavia facilmente sorta a fianco delle numerose narrazioni leggendarie, anche copte, riguardanti il concilio di Nicea [33].

Più interessante è quanto afferma Costantino circa l'elezione di Atanasio (Enc. I, cap. 5, 41-43). Il fatto che Atanasio fosse assente da Alessandria al momento della morte di Alessandro, e che la sede sia rimasta vacante per qualche tempo, non è possibile trovarlo nei normali storici ecclesiastici. Si trova però nell'interessante testo della *Vita Metrophanis et Alexandri* [34] : sembra che esso derivi, sia pure indirettamente, da un'importante testo di documentazione originaria alessandrina [35]. Avremmo dunque la testimonianza di una tradizione locale molto antica, probabilmente circa lo stesso fatto che a suo tempo fu usato dagli accusatori di Atanasio per cercare di invalidare la sua nomina [36].

Nel secondo encomio Costantino si sofferma più a lungo sul concilio di Tiro, pur senza nominarlo espressamente. Due episodi atanasiani si svolgono infatti in quel concilio.

Il primo riguarda la prostituta falsa accusatrice di Atanasio (cap. 2, 13-15) : questo si trova già in Sozomeno, ed ha quindi una tradizione lunga ed autorevole [37]. Possiamo aggiungere che, poiché esso manca in Socrate, Sozomeno l'avrà attinto a fonti locali, dalle quali potrà averlo preso direttamente o indirettamente Costantino.

Il secondo riguarda le presunta morte di Arsenio (cap. 2, 19-21).

---

[33] Socrate, H.E., I, 11-13; Sozomeno, H.E., I, 18; etc. — La fonte primaria dovrebbe essere Gelasio di Cesarea, cf. F. WINKELMANN, *Untersuchungen zur Kirchengeschichte des Gelasios von Kaisereia* (Sitzungsber. Berlin, 1965, n. 3), Berlin, 1966.

[34] Ed. I. GEDEON, ᾿Εκκλησιαστικὴ ᾿Αλήθεια, 4 (1883-1884), *passim*; cf. p. 309. L'episodio è riferito a Metrofane e Alessandro di Costantinopoli, ma non è che un calco da una fonte alessandrina.

[35] Speriamo di avere occasione di tornare sul problema; per ora rimanderemo a W. TELFER, *St. Peter of Alexandria and Arius*, « Analecta Bolland. », 67 (1949), p. 117-130; ID., *Paul of Constantinople*, « Harvard Theol. Rev. », 43 (1950), p. 31-92.

[36] Cf. Sozomeno, H.E., II, 17; 25.

[37] Sozomeno, H.E., II, 25.

Su ciò abbiamo anche una testimonianza diretta atanasiana [38], e tutti gli storici ecclesiastici ne parlano [39]. Si tratta dunque di un racconto di tradizione assai larga, che testimonia comunque della solidità delle fonti di Costantino. L'aggiunta della parte miracolosa è naturalmente di secondaria importanza.

Infine è da ricordare il « miracolo » della fuga dalla Chiesa (di Teona), quando Atanasio venne cercato dagli inviati di Costanzo (cap. 2, 16-18). Anche questo episodio è di tradizione atanasiana [40], e si ritrova in tutti gli storici ecclesiastici [41]; si ritrova anche, e questo ci sembra da non trascurare, nella *Storia della Chiesa di Alessandria*, posto in notevole rilievo [42]. Ancora una volta si constata la stretta compenetrazione di cultura più propriamente greca e copta nell'educazione di Costantino.

---

[38] Atanasio, *Apologia secunda*, 65 (ed. Opitz, Berlin, 1934 sgg., p. 244-145).

[39] Socrate, H.E., I, 29; Sozomeno, H.E., II, 23; etc.

[40] Atanasio, *Epistula Encyclica* 1, 3-4 (ed. Opitz, Berlin. 1934 sgg., p. 171-173).

[41] Socrate, H.E., II, 11; Sozomeno, H.E., III, 6; etc.

[42] Ed. ORLANDI, Milano, 1968-1970; vol. I, p. 30, 26 - 32, 1 (trad. linn. 141-146; ma alle linn. 145-146 leggi : « magnas iniurias perpetraverunt Ariani in Ecclesia Alexandriae »).

# ENCOMIUM I

Encomium prius quod pronuntiavit noster sanctus pater apa
Constantinus, episcopus urbis Siout, die commemorationis magni
pastoris apostolicitatis sancti apa Athanasi, archiepiscopi Alexan-
5 driae; qui dies est septimus mensis Pashons. Dixit autem pauca etiam
in hoc ipso Encomio de sobrietate animae. In pace Dei. Amen.

## I. PROOEMIUM

**1** Bene Sacra Scriptura scripsit : *Bona fama est memoria iusti* [1];
ego autem timeo iussum huius gaudii, quippe qui electus sim ut audeam
10 attingere commemorationem (viri) apostolici post Apostolos.

**2** Certe autem iam animadvertistis quis esset ille, de quo loquor,
cum dixissem hanc solam syllabam ex pelago impenetrabili eius vir-
tutum : loquor de nostro sancto patre, sancto apa Athanasio, archi-
episcopo non urbis Alexandriae solius, sed omnium quae sunt sub
15 caelo, canone atque termino pietatis, qui os clausit blasphemiae impii
Arii, qui ausus est, lingua sua secari digna, <loqui contra> creatorem
unigenitum Verbum Dei patris, asserens eum esse creaturam, et
*Iniquitatem in excelso locutus est* [1], sicut scriptum est, et os suum
aperuit contra caelum. Iniuriam intulit contra unam ex personis
20 sanctis Trinitatis consubstantialis, cum ita insaniret ut diceret creaturam esse unigenitum Deum Verbum.

**3** Hortans autem nos Apostolus ut officium quod debitum est
magno Athanasio grate solvamus — quamquam paupertas nostrae
linguae non sufficit [1] ad perficiendam parvam partem de eis, quae
25 ad eum apta sunt — dixit : *Mementote praepositorum vestrorum, qui
vobis locuti sunt verbum Dei, quorum intuemini exitum conversationis
et imitamini fidem* [2].

**4** Non inconsulto dixi initio praedicationis huius Encomii, me
timere iussum huius gaudii; quamquam memoria huius iusti de quo

---

**1** [1] Prov. 10, 7.

**2** [1] Ps. 72, 8.

**3** [1] Verbum ΑΠΟΡΕΙ inconsuete latine vertendum « sufficere » putavimus, quia
altera in sententia eadem significatione praeditum videtur. Aliter delendum est.
[2] Hebr. 13, 7.

loquimur erit nobis gaudio, secundum litteram sanctam Prover-
biorum, quam antea retulimus. Maxima erat institutio in huiusmodi
sententia, quam Apostolus dixit; quare dum hoc tantum modo eas
res attingimus, ne eas praeterierimus sine ulla nostra commotione.
*Scriptura divinitus inspirata utilis est ad arguendum, ad corripiendum,* 5
*ad erudiendum in iustitia* [1]. Eo magis ne ea praeterierimus quin fruamur
utilitate quae ex eis est.

5 Quoniam vero haec est consuetudo nostra, propter nimiam obli-
vionem et captivitatem quam in nobis dominari sivimus. Eam invenies
cum recitamus multitudinem lectionum, cum vigilamus, cum bene 10
vacamus eorum meditationi, sed transimus ea sicut illum qui ad aerem
loquitur, neque ea intus cogitamus neque eorum significationem
requirimus — hoc est : ad quid vel propter quid dicta sint. Nihil dixerunt Scripturae sine utilitate; quomodo enim erunt sine utilitate ad
vitam universam? Et fructus maximus, et gaudium maximum est id 15
quod dicit, sicut testatur ipse Apostolus : *In me loquitur Christus* [1].

6 Dixit : *Mementote praepositorum vestrorum, qui vobis locuti sunt*
*verbum Dei* [1]; num dicit : mementote hoc tantum modo die eorum
commemorationis, et eos laudemus tantum? Non puto; si ita est,
quanam de causa illud adiunxerit : *Quorum* — ut ait — *exitum con-* 20
*versationis intuimini* [2] viventes vos quoque hoc modo; id est : vivite
in hac vita, secundum vitam illorum, cum illi e rebus terrestribus
migraverint ad conversationem caelestem cum adhuc essent in terra,
conterentes carnem et eius cogitationes, cum adhuc essent in carne.

7 Sed saepe aliqui ex iis qui hanc timent doctrinam, dicunt : « Ego 25
etiam? Et quomodo potero imitari fidem magni Athanasii? An sum
ego episcopus. aut mihi necesse est statuere dogmata fidei? Talis
res mihi non credita est. Vix possum intelligere illa, quae plana sunt,
postquam ea mihi pluries dicta sunt ». Haec autem adversus eos
dicam, praetextuosa esse illa verba, <neque> excusationes; quae 30
neque valent, neque accipientur e nobis.

8 Primum enim ad omnem hominem christianum pertinet dogmata
fidei intelligere quomodo credat. *Venit lux in mundum* [1], non ut
continuo permaneremus in tenebris ignorantiae. Ceterum descendam
ad loquendum cum iis, qui tales insanias cogitant, et hoc modo loquar : 35

4  [1] II Tim. 3, 16.
5  [1] II Cor. 13, 3.
6  [1] Heb. 13, 7.      [2] Heb. 13, 7.
8  [1] Cf. Io. 1, 9.

Esto; nescis imitari fidem magni Athanasii. Praetextum capis in tuis
verbis quia ille separatus est usque a ventre matris eius, et purificatus
est cum esset in ventre, ut ei committerent excelsitudinem mysteriorum
Divinitatis; et ad hanc rem praedestinatus est a providentia Dei, quae
5 omnia inde a principio disponit ». Et ex his rebus quidem praetextum
capis.

**9** At quam excusationem invenies coram *intuitione exitus conversationis eorum?* [1] Eius patientia (praedita) magna prudentia — ut
scriptum est [2]; eius mansutudo similis ei qui dixit : *Discite a me, quia*
10 *mitis sum, et humilis corde* [3]; eius tolerantia malorum; eius philanthropia erga eos qui surrexerunt in eum; eius beneficentia magna erga
eos qui insidias paraverunt in eum, consentientes cum eis qui eum
eiecerunt ex urbe simul atque throno; eius contentiones magnae pro
fide orthodoxa — (ista omnia) minora certe non sunt quam illa aposto-
15 lorum.

**10** Itaque vocant eum omnes qui veritatem curant : « Athanasium
apostolicum », cum hoc nomen acceperit quasi hereditatem propter
suas contentiones et labores pro fide, sicut illi qui cognomina et hono-
res a regibus accipiunt propter suam fidem erga illos et propter modum
20 quo eorum leges et potentiam eorum regni defendunt.

**11** Et maxima eius laudum est haec : cum adhuc esset diaconus,
neque ei tradidissent habenas archieposcopatus et imperium anima-
rum populi, ferre non poterat videre fidem orthodoxam calumniari
et falli a caterva luporum arianorum.

25 **12** Atqui puto hanc rem parum abesse a magnitudine animi magni
Moysis. Cum enim iste adhuc esset in terra Aegypti, inclusus in ordine
laicorum tamquam unus ex filiis Israel, tamen maxime laborabat
in pugna pro iustitia, ne quis affligeret proximum suum neglegenter.
Attamen nondum designatus erat ut fieret « demagogus », neque
30 compulsus erat decreto Dei ad pugnandum pro veritate usque ad
mortem, et ad decertandum pro iustitia, et ad resistendum iniuriae;
nondum autem cum eo collocuti erant ex arbusto, vel ei docuerant
magnum illud mysterium in igni qui complet arbustum, neque arbustus
uritur.

35 **13** Nondum audiverat : *Solve calceamentum de pedibus tuis; locus*
*enim in quo stas terra sancta est* [1]. Nondum enim a Deo audiverat :

**9** [1] Heb. 13, 7.    [2] Prov. 14, 29.    [3] Mt. 11, 29.
**13** [1] Ex. 3, 5.

*Videns vidi afflictionem populi mei* qua populus Aegyptiorum eum conculcat, *et clamorem eius audivi. Qua re descendi ut liberem eum* [2]. Nondum ei imperaverunt : abi ad Pharao regem Aegypti, et dic ei : haec sunt quae Deus Dominus Hebraeorum dicit : dimitte populum meum, ut ministrent mihi in deserto [3]. Nec iam in montem ascenderat, 5 aut iverat in tempestatem, aut ceperat tabulas legis quae scriptae sunt digito Dei legislatoris, qui pugnat pro iusto et ne (quis) proximo noceat. Commovebatur (tamen) et in eo laborabat, ut pugnaret pro veritate et prosterneret omnem iniquitatem, ille magnus (vir), dico Moysen.                                                              10

**14** Et si vultis, pauca dicam de eius odio adversus iniuriam. Dixit enim de eo Scriptura : *Egressus die altero, conspexit duos Hebraeos rixantes invicem, dixitque ei qui faciebat iniuriam : qua re percutis proximum tuum? Ille* autem eum reiecit, dicens : *quis te constituit principem et iudicem super nos?* [1]                                          15

**15** Veniant ergo auditum, illi qui non perferunt doctrinam sanam, sed contradicunt illis, qui eam dant eis; dico eos qui procedunt sine rectitudine aut timore. Et si forte quis fratrum, sapiens, qui finis sui recordatur, videat unum ex illis, qui sit sine timore, neque curet suam salutem, et amor Domini moveat eum ut illum moneat ser- 20 mone dulci : « Fili mi, non est hic modus se gerendi. Terribilis est Deus. Memento scriptum esse : *Deus ignis consumens est* [1]; sicut scriptum est : *Horrendum est incidere in manus Dei viventis* [2]. Nonne expectas fore ut omnia a nobis requirant, et rationem petant pro nostra tota vita, usque ad verbum iocosum et cogitationem cordis? Absit, fili mi, 25 non est haec liberalis res».

**16** Et tum statim solet ille totum suum fel eicere, dicens haec, et his peiora, irate et duro sermone : « At tu, quis es ipse, qui me doceas? An doctrina tua egeo? Cura te ipsum, menda te ipsum, doce alium. Ego mihi satis sum, te mihi non opus est». Et mirum est, eum non 30 horrere, dicens talem dementiam : « Si non inveniam quemquam sicut me [1] in Inferno, contentus ero».

**17** Ceterum frater, qui monuerat eum propter amorem Dei — sicut poterat [1] — nihil aliud ei dicere solet nisi hoc : « In veritate, frater,

---

[2] Ex. 3, 7-8.     [3] Cf. Ex. 3, 18.
   **14** [1] Ex. 2, 13-14.
   **15** [1] Heb. 12, 29.     [2] Heb. 10, 31.
   **16** [1] Melius legas : sicut *te.*
   **17** [1] ⲀⲠⲞⲢⲈⲒ = sufficere ( ?), cf. 3, 1. Aliter vertas : cum sit confusus.

nosce tuam salutem. Tamen parce mihi quia dixi : res tua ad te ».
Itaque (alter) magis magisque induratur, dicens : « Res mea ad me »,
bis decem milies.

**18** Hoc autem dixi vobis, monens vos illum, qui hoc modo se gerat,
5 et respondeat violenter, fratrem esse et socium illius qui magnum
prophetam Moysem reppulit, dicens : « *Quis te constituit principem vel
iudicem super nos?* » [1]; atque illum in eodem crimine et in eadem
poena futurum, nisi paenitentiam egerit. Tacebo autem ne referam
querelas et criminationes quas dicere solemus contra eos, qui curant
10 salutem nostram, cum in eos tristes simus, aegre ferentes eorum aspectum.

**19** At nescio quid mihi acciderit, ut dixissem historiam de magno
Moyse proposito impellente ad dicendas aliquot laudes in magnum
Athanasium. Sed fortasse haec quoque est dispositio a Deo, quae nobis
15 monuit patrem nostrum Athanasium virtute inferiorem sane non
esse magno Moyse. Nihil enim est reclamatio illius obstinati populi —
dico Israelitas — vel insurrectio contra magnum Moysen Dathanis
et Abironis et synagoges Gore [1], in comparatione insidiarum multitu-
dinis Arianorum contra magnum Athanasium.

20 **20** Quapropter tacebo indignationem Constantini imperatoris in
eum ; et malignam manum mortuam, quae omnibus calumniam cognoscendam obtulit ; et insidiosa mendacia quae illata sunt in illum
magnum.

## II. PRIMUM MIRACULUM

25 **21** (Sed) quoniam *Bona fama est memoria iusti* [1], vobis referre
instituemus aliam narrationem, ut appareat misericordia Domini Dei :
quomodo oratio magni Athanasii valeat et possit [2], sicut scriptum est.

**22** Accidit olim ut, cum esset ille in urbe — nam multas vices ex
ea expulsus est inimicorum veritatis calumniis — sedens igitur
30 super thronum in pace, et cum quietus esset, neque insidiae eorum qui
contra eum pugnabant eum circumirent, mare subito surgeret et
maxime suas undas efferret, quasi ad caelum, sicut scriptum est :
*Perveniunt usque ad caelum* [1]. Denique appropinquavit magna vi ad
delendam magnam urbem Alexandriam, non solum ad urbem, sed

---

**18**  [1] Ex. 2, 14.
**19**  [1] Cf. Num. 16, 1-40.
**21**  [1] Prov. 10, 7.      [2] Cf. Iac. 5, 16.
**22**  [1] Dan. 4, 19.

<       > Illi qui viderunt altitudinem atque vim undarum, arbitrabantur eas submersuras omnem terram et flumina et montes et colles. Et omnes desperabant, videntes suis oculis illam terribilem aquam, quae appropinquabat ad eos mergendos.

**23** Quid ergo fecit magnus Athanasius, conciliator inter Deum et [5] homines, sponsor solus valens ad illam iram divinam arcendam? Postquam vidit calamitatem immensam et inaequabilem, surrexit et stetit in medium irae Dei et hominum. Defensor illorum, qui parrhesiam non habent, venit in tempestatem spiritualem, ut loqueretur cum Deo; et statim sumpsit librum Genesis suis sanctis manibus, [10] aperuit locum in quo Deus scribit quomodo dicat ad Noen : *Non igitur ultra percutiam omnem carnem viventem, sicut feci* [1] diebus pristinis, et : *Statuam pactum meum vobiscum* [2], et : *Nequaquam ultra interficietur omnis caro aquis diluvii neque erit deinceps diluvium ita ut perdam totam terram* [3]. Et dixit Deus ad Noen : *Hoc est signum* [15] *foederis mei, quod ponam inter me et omnem animam viventem, quae est vobiscum in vestras generationes sempiternas* [4].

**24** Ubi aperuit locum in Genesi ubi haec scripta sunt, oravit eum qui posuit *Arenam ut terminum mari, praeceptum sempiternum, quod non praeteribit; et commovebuntur et non poterunt, et intumescent fluctus* [20] *eius et non transibunt illud* [1] — dicens hoc modo : « Domine Deus patrum (nostrorum), respice populum tuum; memento tui pacti, neque tuam hereditatem dederis perditioni». Haec dixit stans in limine maris, consistens coram illo terrore, tenens in manibus librum Genesis apertum, eum porrigens ad Deum, dum omnes desperant [25] de sua ipsa salute.

**25** Et statim ille, qui properat in sua misericordia, qui dicit : *Clamabis et dicet : ecce adsum* [1] respexit orationem iusti, eum vidit in eius tribulatione, audivit eius orationem, meminit sui pacti, adnuit secundum magnitudinem suae misericordiae. Et dixit in secreto illi magno : [30] « Ne timueris, o Athanasi, non renegabo iustitiam meam, neque solvam pactum meum, neque ea quae exierunt e meis labiis renegabo». Denique increpavit iram maris, ut antiquis temporibus, dicens : « Tace; os tuum claude». Et statim mare recessit retrorsum, undae eius quieverunt in eo, ira eius quievit, eius altitudo rediit in humilitatem, eius [35] elatio descendit.

**23**  [1] Gen. 8, 21.    [2] Gen. 9, 9.    [3] Gen. 9, 11.    [4] Gen. 9, 12.
**24**  [1] Ier. 5, 22.
**25**  [1] Is. 58, 9.

**26** O miracula Dei omnipotentis! Unde illa mutatio, unde illa variatio? Quis vidit vel quis audivit miraculum huiusmodi? At ille, qui dixit per melographum et psalmistam et dulcem cantorem Davidem : *Clamabit ad me et ego exaudiam eum; cum ipso sum in omnibus* 5 *tribulationibus eius, eripiam eum et glorificabo eum; ostendam illi salutare meum* [1] idem est qui hoc fecit.

**27** Ceterum, postquam haec magna salus facta est, quae expectata non erat, rediit ad Ecclesiam cum omni populo, fecit magnam synaxin, cum omnis populus cum eo convenisset, et civitas omnis 10 convenisset, laudantes Deum propter miraculum et salutem quae sibi facta erat. Et hanc synaxin facere solebant illa die quotannis, signum illis magnitudinum Dei; et stabilivit illam synaxin ut legem omnibus generationibus venturis. Quam etiam adhuc faciunt in metropoli Alexandria, oblationem offerentes et omnes convenientes; vocantes 15 synaxin illius diei : « ἡμέρα φόβου». Terribile enim vere auditu est periculum illud, praesertim illis, qui id viderunt suis oculis. Hic timor ergo et hoc magnum miraculum factum est die vigesimo septimo mensis Epip, in quo faciunt hanc magnam synaxin quotannis, ut supra dixi.

20 **28** Vidistis, fratres, quomodo sermo trahat Encomium magni Athanasii apostolici, aequans eum virtuti magni illius Moysis. Ille legislator divisit mare sua virga, mare arefactum est, fecit populum transire illac, *In abyssis sicut in deserto* [1], sicut scriptum est, cum eos eduxisset e manibus eorum hostium [2]. Magnus ipse Athanasius os clausit 25 maris, et id coercuit, minans submergere regionem universam, servans populum suum ab ira. Miraculum pro miraculo, parrhesia pro parrhesia, orationes validae pro orationibus validis [3]. Sed haec et alia, gratia illius qui dixit : *Quicumque glorificaverit me, glorificabo eum* [4], illa fuit quae ea perfecit.

30 ## III. Miraculum alterum

**29** Persecutiones autem in eum, quas pertulit pro fide orthodoxa, profecto plurimae sunt; cum eum saepe expulissent ex urbe Alexandria. et is fugisset in deserta et in locos ubi aqua deest, egens, angus-

---

**26** [1] Ps. 90, 15-16.
**28** [1] Ps. 105, 9. [2] Cf. I Reg. 12, 11; Iud. 8, 34. [3] Cf. Iac. 5, 16. [4] I Reg. 2, 30.

tiatus, afflictus [1], secundum verbum Apostoli. Sed hoc tantum ei fuit consolationi, quod videt dextram invictam, dirigentem eum per omnia loca.

**30** At video auxilium Dei, quod supervenit ei olim in loco quodam ubi latebat, quod fidem praebet pro aliis. Id quidem audivi a senioribus, 5 qui ipsi dixerunt : « Audivimus ab aliquibus, qui erant aequales illius magni, qui audierunt ex ore illius, hoc ».

**31** Accidit olim ut, cum expulsus esset ex urbe — quia persaepe expulsus est ex urbe — exiret clam et abiret properans in hortum quemdam extra urbem, ubi maneret latens. Et postquam compertum 10 est ab inimicis veritatis, eum esse in illo loco, statim ad illum hortum accesserunt, ii qui eum requirebant, conantes eum capere, sicut illi qui insaniunt cupidine sanguinis iusti. Occursus evenit, cum nemo tunc fuisset in illo horto, praeter eum ipsum et puerum aliquem sedentem, lavantem holera [1] in parva piscina. 15

**32** Ii qui eum requirebant, appropinquaverunt ad eum subito, priusquam consurgere posset ad se celandum. Deus autem magnorum miraculorum effecit ut ignorarent eum ipsum esse; rogaverunt eum, cum ad eum pervenissent, dicentes : « Vidistine hic Athanasium, nunc ? ». Ille autem, ex veritate quae circumdabat eum sicut scutum [1], 20 sicut scriptum est, mentitus non est omnino, neque denegavit — « non sum ego » —, neque iusiurandum protulit ex ore suo, sicut nos nunc. Sed iuxta promissionem et pactum illius qui dixit : *Ponite ergo in cordibus vestris non meditari quid dicatis. Ego enim dabo vobis os et sapientiam, cui non poterunt resistere vel contradicere omnes* 25 *adversarii vestri* [2], respondit illis qui contra se venerant magnus ille Athanasius, vere simul et sapienter : « Mihi credite, ego et hic puer qui est hic, nemo alius adest praeter nos ». Et veritas confudit cor illorum caecitatis. Et illa piscina aquae facta est auxilium therapeuticum, sanans aegrotos ex omnibus malis usque ad hunc diem. 30

**33** Veniant ipsi et audiant, quibus mendacium tamquam arma est, cum putent se per id vincere; sicut nos excusamus et conservamus verba nostra in mendacio, circumdantes verba dolositate, cum mendacium dirigat nostram orationem; nisi quidem accidat ut firmemus mendacium falso iureiurando, et saepe etiam pro minimi momenti rebus. 35

---

**29**  [1] Cf. Heb. 11, 37.

**31**  [1] Verbum ΛΑΧΝΟΝ in ΛΑΧΑΝΟΝ emendavi; aliter vertendum « pannos », sed valde est rarum.

**32**  [1] Cf. Ps. 90, 5.    [2] Lc. 21, 14-15.

Summa autem haec negligentia fit in conciliabulis, cum verbum proferimus de alio (homine).

O, quantum obliti sumus legis, quae nos iubet : *Propterea reliquistis mendacium : loquimini veritate, unusquisque cum socio* [1]. Ubi mendacia invenimus, fratres? Ubi dolos invenimus, fratres? Quid nobis sunt hae ambiguitates? Quousque mendacium nos obtinebit, quousque discipuli erimus magistri iniustitiae, qui numquam *In veritate stetit* [2]? — ut scriptum est. Deus autem nos liberet a servitute mendacii, et nos convertat ad suam scientiam veram et suam iustitiam.

**34** Vidistis, fratres, memoriam patris nostri sancti futuram esse nobis dolori, neque futurum esse ut gaudeamus propter eam [1], sicut scriptum est. Quis ergo nunc excusationem petat, et dicat : « Non possum imitari conversationem Athanasii»? Num veritatem loqui nequis? Vel patiens esse nequis, vel bonum facere his qui insidiantur tibi? Num humilitatem tibi acquirere nequis sicut ille, et mansuetudinem gratam omnibus in rebus? Sicut ille gratias egit pro persecutionibus, quae super eum alia post aliam instabant, tamquam guttae pluviae, confidens ei qui dixit : beati eritis cum vos percusserint et reiecerint nomen vestrum tamquam malum, et omnia verba mala in vos dicent propter me, mentientes in vos. Gaudete in illa die et exsultate; merces enim vestra multa est in caelo [2].

**35** Nos autem omnia vitamus timentes et perturbati ne quis dicat in nos verbum ultra veritatem, cum simus timidi, debiles sicut lampades quae dant fumum, sicut scriptum est, cum omnis cura nostra et nostrum studium sit manere in quiete et tranquillitate; et animi nostri sint in nostris manibus (= bene parati), ne quis nobis insidietur vel nos calumnietur in recta fide.

**36** At qua in re similes erimus Athanasio, iacentes et semper relaxati? Nondum dixi nos inter eos esse, qui abierunt gaudentes, quod despecti sunt propter nomen, quamquam se iactent accepisse honorem eundem ac illos [1], cum superbiamus propter promissionem illam quam dicit : *Quodcumque ligaveritis super terram sit ligatum in caelis; et quodcumque solveritis super terram sit solutum in caelis* [2]. Vere os nostrum totum clausum est coram certaminibus et temptationibus et parrhesia magni Athanasii, si persistimus in hac debilitate et hac incuria et hac temeritate usque ad finem.

**33** [1] Eph. 4, 25.    [2] Io. 8, 44.
**34** [1] Cf. Prov. 10, 7.    [2] Cf. Lc. 6, 22-23; Mt. 5, 11-12.
**36** [1] Cf. Ac. 5, 41.    [2] Mt. 16, 19.

## IV. Tertium miraculum

**37** Bonum est autem nos referre vobis aliud quoque miraculum, ad
gloriam Dei, secundum sententiam sancti angeli Raphaelis, quam
dixit ad Tobit : *Sacramentum regis abscondere bonum est; opera Dei
revelare bonum est* [1]. Quapropter hanc narrationem vobis referamus, 5
primum ad gloriam Dei, qui fecit haec miracula, deinde vos docemus
quam multis modis Deus det gloriam suis sanctis. Dixerunt haec
ergo de ipso sancto Athanasio, ii qui oculis suis viderunt, tradentes
mysterium quod accidit inter se per generationes vicissim, ne magnae
Dei res absconditae manerent.                                        10

**38** Accidit autem olim, cum fugitivus esset in deserto propter
persecutionem duram in se ab Arianis impiis qui eum persequebantur,
ut fugeret in parvam Ecclesiam antiquam, aedificatam in deserto,
et vellet offerre oblationem [[sanctam]], et particeps esse sacramen-
torum. Coepit ergo, secundum consuetudinem sacrificii sancti, suble- 15
vare panem super calicem, et vinum in calicem fundere, ut id repo-
neret. Inde coepit offerre orationes iuxta ordinem, iuxta consuetudinem sacerdotii. Pervenit ad horam illam, plenam formidinis, in
qua solet sacerdos flectere caput super altare, orans et obsecrans
Spiritum Sanctum ut veniat super panem et calicem, et fiat sanguis, 20
secundum decretum divinitatis. Et cum perfecisset orationem illam
plenam formidinis et plenam mysterii, incohavit denique secundum
consuetudinem sacrificium sanctum et extendit manus suas sacerdos
Dei Athanasius, et signavit panem, qui corpus factus est. Et cum
remisisset digitum super poculum, et signavisset eius sanguinem 25
sanctum, eius digitus tinctus est sanguine sancto illo vivificanti.

**39** Deus fecerat illud mysterium cum eo, in testimonium pro omnibus quemadmodum Deo placerent eius sacrificia. At propter magnitudinem suae humilitatis, ille servabat digitum suum coopertum,
celans mysterium, ne honos ab hominibus sibi daretur; sed sicut 30
dixerunt illi qui rem vere sciverunt in illo tempore — non enim potuit
celare, cum laus gloriae quam Deus ei concessit praedicaret eius vir-
tutes in omni re et ante omnes homines, magis quam tuba quae sonum
dat altissimum. Ita ut illud sacramentum maneat usque ad tempora
nostra; neque cessabit usque ad consummationem temporum. *Sine* 35
*paenitentia gratiae Dei, et eius vocatio et eius dona* [1], cum opportune
ea faciat.

**37**  [1] Tob. 12, 7.
**39**  [1] Rom. 11, 29.

## V. De Athanasii temporibus

**40** Volo autem hunc quoque sermonem adiungere laudi illius
Apostolici, id est : postquam finita est synodus trecentorum et duode-
viginti sanctorum patrum episcoporum, qui convenerunt Nicaeam, in
5 metropolin Bithyniae, contra amentiam blasphemi Arii; illi qui circa
eos fuerunt illis temporibus consentiverunt in hac re : « Saepe nos
numeravimus nostris digitis et nostris oculis singulos sedentes simul
omnes in synodo, eos qui subscripserunt dogmati et symbolo ; et semper
eorum summam invenimus trecentorum et undeviginti numero ». Ita ut
10 unusquisque sibi persuaderetur Spiritum Sanctum esse in medio
eorum, sedentem in forma corporis humani, subscribentem symbolo
illi mirabili, quod nunc aliqui vocant : « μάθημα ».

**41** Postquam sanctus Alexander, archiepiscopus Alexandriae —
cui sanctus Athanasius successit in throno, quae fuit sententia de
15 caelo missa — postquam ille rediit Alexandriam, cum correxisset
fidem orthodoxam — ille enim fuit praeses et caput illius synodi
sanctae — reliquit Athanasium, qui adhuc diaconus erat, ut reciperet
subscriptionem episcoporum, firmantium dogma sanctum et sym-
bolum.

20 **42** Itaque, sicut placuit iudiciis Dei, ut Alexandrum de hac vita
tolleret ad domicilium gaudentium, cum adhuc esset Athanasius apud
episcopos, donec subscriberent symbolo quod decrevissent — illi qui
circumstabant beato Alexandro in illo tempore <dixerunt> eum
dixisse hoc verbum, in hora qua spiritum traditurus erat in manus Dei :
25 « Thronus expectabat Athanasium iam longum post tempus. Nunc ecce
tempus venit ». Et postquam haec dixit, spiritum dedit in manus
Dei, in senectute dulci.

**43** Et thronus archiepiscopalis Alexandriae mansit quinquaginta
dies desertus et viduus — quam rem pauci credidissent, priusquam acci-
30 deret — dum omnis ordo et populus universus simul manent in Ecclesia, omnibus Athanasium expectantibus, donec veniret et eum con-
secrarent et gauderent benedictione et satisfactione, quas longo
tempore expectassent.

## VI. Peroratio

35 **44** Vidistis, fratres, paupertatem nostri eloquii et nostrae mentis,
quia vix huc pervenimus in laudibus quae conveniunt patri nostro

sancto Athanasio, quamquam mensuram vitavimus, ne paupertas
nostrae linguae inferior esset magno Athanasio, cive caelorum. Tamen,
fratres, bono laudum praetextu res exstitit nobis in utilitatem et doctrinam, cum dedisset nobis ipsis gratiam maiorem quam putavisse-
mus, tribuendi gloriam magno Athanasio. 5

**45** Videte quomodo haec verba apta fuerint unicuique nostrum,
ut se quisque ipsum cognoscit, una cum iis rebus quarum conscientia
nos accusat; cum id quod unus ex sapientibus secundum Deum dixit,
nobis quoque acciderit, id est : sicut ille, qui incipiet ungere proximum
suum oleo bono, putans se aliquid utile illi fecisse, ipse autem primum 10
— ille qui ungit alium oleo — ipse est qui accipere solet teneritatem
olei, priusquam ille, quem ipse ungit — non potes enim quemquam
ungere, nisi capias oleum in manibus tuis antea; tunc unges alterum,
capiens oleum in manibus tuis; tu autem capere soles teneritatem olei,
priusquam studeas illum refrigerare oleo — hoc est quod nobis acci- 15
dit, propter laudes quas cogitavimus in patrem nostrum sanctum
Athanasium. Nam ipsius memoria utilis fuit nostrae animae, eiusque
correptio. Et credimus sine dubitatione virtutibus magni illius viri,
cuius nominis sola mentio fuit nobis doctrina.

**46** Puto autem neminem eorum, qui recte iudicent, nos ut teme- 20
rarios accusaturum, et audaces aestimaturum, quia nos quoque insti-
tuerimus, quae nostra tenuitas est, laudare tantum virum, postquam
illi, qui eum virtute aequavissent, dixerunt aliquot laudes ad eius
memoriam convenientes ei, pro opibus suae eloquentiae. Hoc fecimus,
non quia laudationes patrum nostrorum sanctorum aliquid deficerent, 25
quod nunc adiecturi essemus, sed imitantes illos, qui parvas spicas
carpunt post messores, sperantes eos accepturos parva quae carpsimus, et adiecturos illis rebus, quae eis sunt [tota messis] et nos
mensuros cum illis, una mensura, uno modo, secundum exemplum
quod dixit aliquo loco legislator Moyses [1]; et id fiet certe, etiamsi 30
deficiamus et inferiores simus nimis.

**47** Scimus enim, illum qui uno talento negotiavisset, eandem vocem
bonam audivisse ac illum, qui quinque talentis negotiavisset. Ille
vero, qui accepit unum talentum, si eo negotiavisset, eadem ipse
audiret, quae alii, qui multitudinem comparavissent : *Ingredere in* 35
*gaudium Dei* [1]. Timentes ergo ne <simus> sicut illi qui in terra con-
diderint talentum quod sibi creditum esset, pro mensura nostrae

**46**  [1] Cf. Deut. 25, 13-14.
**47**  [1] Mt. 25, 21.

pauperis cogitationis aliquid dicere ausi sumus, ne nos ipsi audiremus
cum illo qui talentum condidisset pigre et inerte : *Ligate manibus et*
*pedibus eius — illius mali servi et mentitoris et inutilis — mittite eum*
*in tenebras exteriores, ubi erit fletus et stridor dentium* [2]. Speramus ergo
5 magis futurum esse ut pater noster sanctus, cuius memoriam hodie
laudamus, intercedat pro nostra quoque paupertate, coram illo qui
nihil reicit quod dabitur et afferetur ei cum gratitudine, siquidem bene
successimus.

**48** Ecce diximus, o pie conventus, de parva parte encomiorum
10 patris nostri Athanasii, cuius memoria illuminat pudorem nostrae
neglegentiae, si in nostro spiritu poenitentiam agimus, si abhinc
semper fugiemus nostras malas consuetudines, pro suo quisque modo,
et simus ei ceterum filii germani.

**49** Ecce hoc quoque non est alienum a doctrina magni illius. Sicut
15 enim numquam in hac vita desinit docere et corrigere non solum eos qui
sub eius sancta manu essent, sed omnes qui essent sub coelo; sicut
autem inspiratio omnis christiana coniuncta est eius doctrinae et
legibus, tamquam «canoni» et termino rectae fidei ad eorum vitam;
ita eius sola memoria sancta nos movet ut loquamur de iis rebus
20 quae nobis deficiunt et in quas negligentes sumus. Et fortasse ille est,
de quo ipse dicit Apostolus et de sanguine Abelis : *Defunctus adhuc*
*loquitur* [1].

**50** Utinam ergo intelligamus, et convertamur a malo ad bonum,
a neglegentia ad studium, ab oblivione ad sobrietatem, ab occlusione
25 cordis ad sensum, a ioco et hilaritate perpetua ad sobrietatem et
contritionem secundum Deum, a contemptu ad poenitentiam, ab
omni pravitate ad omne bonum. Ut pater noster sanctus, cuius memoriam hodie celebramus, magnus et apostolicus vere Athanasius, gau-
deat ob nostrum conventum pro eius commemoratione, et a nobis
30 accipiat hoc parvum et infimum encomium quod diximus, tamquam
amicus illius qui duo obola viduae non reiecit; quemadmodum dixit :
*Vos autem vocavi amicos* [1].

**51** Intercedat ille pro nobis coram illo, ut nos quoque participes
simus illius amicitiae, cum nobis remiserit peccata et culpas et hoc
35 modo sit in pace nobiscum, et nobis concedat ut misericordiam inveniamus apud eum. Quia eius est potentia et spiritus misericordiae, una
cum laude nunc et semper per saecula saeculorum. Amen.

[2] Mt. 22, 13; Mt. 25, 30.
**49** [1] Heb. 11, 4.
**50** [1] Io. 15, 15.

# ENCOMIUM II

Item alterum encomium quod pronuntiavit noster sanctus pater apa Constantinus, episcopus urbis Siout, in magnum Athanasium archiepiscopum Alexandriae, celebrans eius festivitatem cum populo universo orthodoxorum, die eius commemorationis, qui est septimus 5 mensis Pashons. In pace Dei. Amen.

## I. Prooemium

**1** Conventus qui hodie extenditur, dilecti mei, me hortatur ut moveam organum meae linguae, et salutem piam frequentiam vestram apostolica salutatione, dicens : *Gaudete in Domino. Rursus autem dico :* 10 *gaudete* [1]. Video enim laetitiam vestri cordis propter hodiernam festivitatem, apparentem in vestra facie, sicut scriptum est : *Cor gaudens exhilarat faciem* [2].

**2** Ego ipse gaudeo, vobiscum conveniens, onus suscipiens laudum magni Athanasii — onus revera plenum omni utilitate — excitans 15 quidem neglegentes, clamans ad eos una cum Apostolo : *Surge qui dormis, et exsurge a mortuis, et illuminabit te Christus* [1]. Quod hortatur diligentes ne retrocedant in cursu suae diligentiae; quod autem proclamat eis doctrinam sermonis illius apostolici : *Abundantes in opere Domini semper, scientes quod labor vester non inanis in Domino* [2]; 20 et : *Bonum autem facientes non deficiamus; tempore enim suo metemus non deficientes* [3].

**3** Revera enim vita et conversatio Athanasii valent pro iis qui sunt in omni ordine, et (sunt) pia correctio pro iis qui fluctuant. Illi enim qui dormiunt, noctu dormiunt, et illi qui ebrii sunt, ebrii sunt 25 ebrietate neglegentiae, et si qua verba audiant encomiastica, putant ad proferendos tantum clamores et laudes et encomia utilia ea esse, nullum fructum recipientes omnino e rebus quas audiunt, sicut illi qui oculis laborant, minime animadvertentes dulcedinem lucis solis. Itaque nos quoque qui hic hodie convenimus, attendamus et vigilemus 30 neque dispergamus ullum fructum bonae commemorationis magni Athanasii.

---

**1** [1] Phil. 4, 4.  [2] Prov. 15, 3.
**2** [1] Eph. 5, 14.  [2] I Cor. 15, 58.  [3] Gal. 6, 9-10.

**4** Bene profecto sermoni nostro initium dedit Apostolus et nobis posuit fundamentum pro argumento sermonis, *quasi sapiens architectus* [1], quia apostolus est ille, de quo sermo paratur. Decet revera, ut Apostolus encomium incohet in apostolum post apostolos.

**5** Etenim, ceteri sancti nostri patres, Ecclesiae doctores, unusquisque eorum accepit dignitatis cognomen, post nomen, secundum virtutem suorum meritorum. Et unus quidem vocatus est « Thaumaturgus »; alter « Theologus »; alius « Magnus » et « Mirabilis »; alius « Sapiens in rebus divinis »; alius « Chrysostomus »; alius « Tuba festivitatis »; alius « Sapiens Scripturarum interpres »; alius « Lingua quae Deum fert »; alius « Qui confisus est coram regibus »; alius « Vas Spiritus Sancti ». Ne multa : unusquisque accepit laudis cognomen, pro modo quo certavit, ut Deus gloriam acciperet de suis sanctis et de suo sermone.

**6** Pater noster autem Athanasius accepit cognomen electissimum praeter illos omnes; ita ut eum vocarent « Athanasium apostolicum ». Et merito : revera particeps fuit dolorum et certaminum et persecutionum Apostolorum, cum eum e throno expellerent, et eis insidiarentur, eum calumniarentur in eum mentirentur; cumque semper persecutione afficeretur ab inimicis veritatis, et eius nomen iis terribile etiam auditu esset. Quia ille quidem rupit retia eorum dogmatum, eo ut dicere ipse auderet, pater noster Athanasius : *Abundantius illis omnibus laboravi* [1].

**7** Dei sacerdos revera Athanasius, qui iustitiam indutus est, sicut scriptum est : *Sacerdotes tui induantur iustitiam* [1]. Et vere, ille qui non indutus est iustitiam — ut scriptum est — non est sacerdos Dei altissimi, etiamsi iactet se cognomine episcopatus, vel presbyteratus, vel diaconatus, vel ceterorum ordinum qui nomine vel veste iactantur. Secundum id, quod dixit sanctus propheta : « Ne quis me laudaverit propter nomen aut vestem; vacua enim sunt » [2]. Pater noster igitur Athanasius iustitiam indutus est quasi vestem sacerdotalem; clericos contra huius aetatis, dicere cogor ebrietatem indutos esse tamquam vestem foedatam vel velamina menstrualia. Quapropter profecto dixerunt : « Principes perditionem induentur ». Qui autem magis sunt principes, quam illi qui habitant in domo Dei ? Sicut scriptum est : puri sunt principes terrae. Haec ergo dicit eos vituperans : *Prin-*

---

**4** [1] I Cor. 3, 10.

**6** [1] I Cor. 15, 10.

**7** [1] Ps. 131, 9.    [2] Cf. supra, p. xv.

*cipes sunt infideles et socii furum, cupientes accipiendi dona, peccatum
sectantes et ambitiosi* [3].

**8** Ceterum ne quis putaverit me haec in vanum dixisse; sed mihi
credite hominem fidelem olim ad me venisse dolentem atque dixisse :
« Si forte accidat ut aliquis nostrum — laicos dico — tamquam homo [5]
peccet; clerici, loco eum vituperandi et obiurgandi propter alios
homines Scripturarum verbis, eorum vitam cum doctrina cohaerentes;
hoc non faciunt, sed peccatum corroborant et miserum fallunt huiusmodi sermonibus : — Misericors est Deus; scriptum est : *Misericors
Dominus est et miserator* [1]. Deus, aiunt, non erit asper in homines omni- [10]
no. — Quae dicebant nulla alia de causa nisi propter ignominiosam
avaritiam, cum officium eorum sit instandi super eos importune, secundum verbum Apostoli [2]. Itaque eum confirmare solent hisce dolis, ne
animadvertat vel curet rem quam fecit ».

**9** Et quis dicat de eis, collegas esse Athanasii, eos de quibus verbum [15]
quod scriptum est dicit : *Sacerdos erravit ob vinum* [1]*?* Et : *Vinum
biberunt in domo Dei* [2]; et : *Sacerdotes eius contempserunt legem meam
et polluerunt sanctuaria mea* [3]; et : *Sacerdotes non dixerunt : ubi est
Dominus? Et tenentes legem nescierunt me, et pastores praevaricati sunt
in me* [4]*?* Labia eorum qui huiusmodi sunt scilicet ad scientiam iuva- [20]
bunt, et in eorum ore lex petetur.

**10** Revera dolentia sunt illa verba. Quousque istae ebrietates?
Quousque istae irreverentiae? Facti sumus scandalum populi, facti
sumus nidus speculae. Nos, quibus aliorum salus tradita est, verba
facti sumus in ore laicorum, qui loquuntur contra nos in tricliniis [25]
et in epulis, iustificati propter nos, quamquam sunt deficientes magis
quam nos, sicut scriptum est : *Iustificavit animam suam, Israel, prae
praevaricatrice Iuda* [1]. Haec facimus quia nostra cura non est tempus
illud, in quo a nobis petent ut rationem reddamus ut sacerdotes,
neque ut laici, sicut scriptum est : *Cui commendaverunt multum,* [30]
*plus petent ab eo* [2]. Neque timemus iram iudicii, quod *Incipiet a domo
Dei* [3]. Et quid faciemus, vel quo ibimus, ea hora qua iudicium eorum
verborum nobis superveniet, acutum *Quasi gladius acutus?* [4] Quae
(verba) erunt haec : Deus auferet iis eorum vestem illa die, et auferetur
honos eorum clamidis; et : Dominus Sabaoth cogitavit dissolvere [35]

---

[3] Is. 1, 23.
    **8**  [1] Iac. 5, 11.    [2] Cf. II Tim. 4, 2.
    **9**  [1] Is. 28, 7.    [2] Amos, 2, 8.    [3] Ezech. 22, 26.    [4] Ier. 2, 8.
    **10**  [1] Ier. 3, 11.    [2] Lc. 12, 48.    [3] I Pet. 4, 17.    [4] Is. 49, 2.

ignominiam omnem illorum, qui honorati sunt, et detrahere honorem
omnem super terram [5]. Si autem divitiae nobis erunt inutiles in die
irae, at vestes illae ad quam rem tibi utiles erunt, o homo ?

**11** Cur tu, qui audis hunc sermonem, impatiens es et accusas ? Si
harum rerum reus es, tibi locutus sum. Si ab istis rebus liber es, quid
est tibi ad me, sermonem proferentem ? Sicut scripsit ille cuius festivitatem celebramus, in loco aliquo *de virginibus*, dicens : « Quid mur-
muras, o virgo ? Ego dixi : ne nigra cosmesi (in oculis) usa sis. Si ea
usa es, tibi ergo loquor; si contra non uteris, tibi ergo non loquor » [1].
Tamen Verbum novit illos, qui rei sunt pro vituperationibus quae ad
eos pertinent, etiamsi mille vices nos ipsos invicem laudaverimus,
donec veniet ille, qui patefaciet ea quae in obscuritate condita sunt,
et conducet ea quae sunt in obscuritate ad lucem, et accusator con-
scientiae nostrae nos confutet aperte.

**12** His rebus ditavit nos sacerdotium Athanasii, siquidem exper-
giscamur e nostris malis consuetudinibus, suo quisque modo. Qua
de causa revertamur ad commemorationem magni Athanasii, et
consolatio nobis superveniet pro nostris doloribus, quos nuper diximus. Glorior revera, onus assumens eius iussorum et eius persecutionum, quae longae fuerunt magis quam tempus quo sedit in throno
cum fiducia. Et si vultis, procedam ad pauca ex eis narranda.

## II. MIRACULA TRIA ATHANASII

a) De synodo apud Tyrum.

**13** Dixerunt arianos, filios mendacii, qui numquam steterunt in
veritate, olim conduxisse mulierem quandam inter mulieres, ut iret
ad calumniandum apa Athanasium, quia secum peccavit, cum in sua
amentia putarent se ignominiam illaturos in « asomaton adhuc in
corpore » et polluturos « angelum qui habitat inter homines », et con-
futaturos « hominem celestem qui est in terra », cum vellent rem
foedam inferre in « templum Dei omnipotentis », quod ire solet contra
morbosas passiones, quae fugiunt ante eius vituperationes ut ante
leonem.

**14** Ceterum paraverunt calumniam, et convenerunt ad pravum con-
cilium, cum mulier prava sederet cum eis. Ipse autem venit, cum alius

[5] Cf. Is. 23, 9.
**11** [1] Cf. supra, p. xiv-xv.

presbyter cum eo ambularet, cuius nomen erat Timotheus. Venit psallens, dicens : *Surgentes testes iniqui quae ignorabam interrogabant
me* [1]*; Cogitaverunt mala contra me; ne derelinquas me, ne extollantur* [2],
*et dicant ubi est Deus eius?* [3] *Tu novisti sessionem meam et resurrec-
tionem meam* [4].                                                            5

**15** Et ubi eum constituerunt in medio synedrii, cum Timotheus
ambularet cum eo, mulier prava procedit ad Timotheum, vultum
suum prostitutae vertit in eundem, dixit : « Nonne tu ipse, Athanasi,
nonne talem rem mecum egisti ? Pudebit te, et tacebis ? Nonne es tu
Athanasius archiepiscopus ? ». Et haec dicens ad ipsum Timotheum, 10
numquam oculos in Athanasium direxit, quamquam simul stabant,
ipse et Timotheus, et eorum latera invicem se tangebant. Et postquam omnes cognoverunt calumniam totam esse illam rem, fideles
omnes surrexerunt in synedrio, clamaverunt : « Revera iniuria se
ipsam calumniatur; etenim illa mulier prostituta ignoravit quis 15
esset Athanasius». Et hoc modo exiit e synedrio ferens coronam
libertatis Athanasius archiepiscopus, et archisacerdos veritatis, psallens cum Davide, dicens : *Anima nostra sicut passer erepta est de laqueo
venantis. Laqueus contritus est, et nos liberati sumus* [1].

b) De fuga ab ecclesia.                                                     20

**16** Dixerunt quoque, cum sederet super thronum Alexandriae olim
in pace, nec longo tempore Alexandriam ab exilio reversus esset, con-
cilium Arianorum perdidisse cor Constantini imperatoris, qui ducem
aliquem Alexandriam misit, ut caperet Athanasium. Iste quidem
intravit subito in urbem, una cum multitudine militum. Itaque 25
accidit ut inveniret sanctum Athanasium in ecclesia, quam Caesareum
vocant, cum plebe; is paene perfecerat sanctam oblationem, recitabat
finem « elationis manuum », populum dimissurus.

**17** Dux in ecclesiam ingressus est, conspexit, vidit Athanasium
stantem, recitantem orationem, circumdedit exercitu sanctuarium, 30
ut securus esset, columbam propter quam venisset, in proprias manus
cecidisse — Athanasium dico. Qui, cum orationem dicere desiisset,
et « amen » dixisset, et diaconus populo proclamaret secundum morem :
« Abite in pace»; Deus, ille magnorum miraculorum, miraculum fecit
sicut tempore Elisaei, sicut scriptum est : *Elisaeus oravit ut Dominus* 35

**14**  [1] Ps. 34, 11.    [2] Ps. 139, 8.    [3] Ps. 78, 10.    [4] Ps. 138, 2.
**15**  [1] Ps. 123, 7.

*prosterneret illam nationem in caecitate*, et ea desineret videre. *Et Deus percussit illas, et non viderunt, secundum verba Elisaei* [1]. Ita etiam Deus clausit oculos ducis illius, qui Athanasium non vidit, effugientem e suis manibus. Itaque exiit e sanctuario templi sancti
5 in medio totius exercitus qui eum et ducem circumdabat.

**18** Dixerunt autem illos, qui tunc adstitissent, testes fuisse quia : « Tergum Athanasii tetigit tergum ducis, cum exiret e sanctuario, nec ille eum animadvertit, quoad Deus eum salvum fecit in loco in quo fugiens se condidit ». Deus autem dicebat ei in secreto : « Ne timue-
10 ris, o Athanasi, quia mihi confisus es. Te salvum faciam et obumbrabo, quia novisti nomen meum. Nomen autem meum est homousios patri meo qui me genuit, neque me creavit, secundum dementiam Arii, in quem iure ultus sum ». Et Athanasius Deo gloriam dedit in loco ubi abscondebatur, psallens et dicens : *Hi in curribus et alii in equis;*
15 *nos autem in nomine Domini Dei nostri extollemur* [1].

c) De Arsenio.

**19** At video etiam manum mortuam, quam dicunt Arsenii esse cum sit in manu eorum qui in animo revera mortui essent. Qui eam porrexerunt ut Athanasio calumniarentur, quasi Arsenium inter-
20 fecisset et manum eius secuisset, ut faceret « magiam » per eam ; et proclamaverunt synedrio comites illorum qui temporibus illis clama-verunt ad Pilatum de Domino universi : *Tolle tolle, crucifige eum* [1], audentes hoc facere quia dederunt multam pecuniam Arsenio, ne in ullo loco appareret, quoad synedrium solverent vel inquisitionem
25 aperirent et condemnarent innocentem plane Athanasium. At, quo-niam nequit veritas umquam abscondi, cum iniqui illi adhuc clama-rent, et porrigerent manum mortuam, huc et illuc portantes eam, Athanasio calumniantes ; statim ipse Arsenius venit in medium synedrii, quasi e terra elatus et porrexit duas suas manus, corpori
30 adhaerentes. Et stetit ante eos qui tenebant manum mortuam, et utraque eius manus illi aequalis erat, ita ut fideles stantes in synedrio deriderent illos, et dicerent : « Ergo tres fuerunt manus Arsenio, contra omnium hominum naturam ». Itaque calumniatores exierunt e synedrio, pleni verecundiae.

**17** [1] IV Reg. 6, 18.
**18** [1] Ps. 19, 8.
**19** [1] Io. 19, 15.

**20** Illi autem qui (rem) cognoverunt, hoc dixerunt : cum illi Arsenium accusarent : « Cur nos fefellisti, et apparuisti ? » ; eum iuravisse illis : « Nescio quomodo (huc) venerim, neque haec fuit mea voluntas. Sed quasi alii me tulerunt. et me proiecerunt in medium synedrium.
5 Alter ex altera parte cepit manum meam ; extulerunt me contra meam voluntatem ». Ita ut inimici veritatis crederent eos angelos fuisse quos Deus misisset, veritatem de Athanasio manifestantes. Itaque calumniam destruxit, psallens : *Induantur hostes mei reverentiam, quia magna loquuntur super me* [1] quia fugi ad iustitiam. Haec igitur
10 patraverunt contra athletam veritatis et defensorem pietatis, Athanasium.

### III. DISCIPLINA

a) Inimicis parcendum.

**21** Postquam ad Ecclesiam rediit cum fiducia, tum putaremus eum
15 mala pro malis reddidisse. At non accidit hoc, absit !, quinimmo fecit plurima etiam bona pro malis quae fecerant ei. Nos quidem perferre non valemus verbum proximi nostri, et dicimus nos convenisse ad celebrandum patrem Athanasium ! Et ille quidem benefaciebat eis, qui talia pericula mortis sibi paravissent. Discipulus enim fuit
20 illius, qui legem tulit : *Diligite inimicos vestros, orate pro persequentibus vos* [1].

**22** Nobis autem sufficere solet, si verbum tantum fratris nostri ferimus ; et quidem hoc mirum est, quod soliti sumus perferre dolores terribiles auditu : ieiunia, asceses, abstinentias, dormitiones super
25 terra, nos non lavare ; neque perferre valemus verba nostra invicem, res a qua dolor omnis deest. Et mihi crede, hoc verum esse quod dico : magis valet ante Deum ille qui perferet verba proximi sui, nec cum eo certabit, neque fiet ei inimicus, quam ille qui maneat sex dies sine cibo neque aqua propter Deum. Non enim Deus neces-
30 sarium fecit : ieiuna tres dies, vel quattuor ; sed iussit : *Diligite inimicos vestros, benefacite his qui oderunt vos, orate pro persequentibus vos, benedicite maledicentibus vobis, illi qui maxillam percutiet dexteram, etiam alteram porrige* [1]. Num ergo faciemus id, quod nobis placet, Deum nihil curabimus ?

**20**  [1] Ps. 34, 26.
**21**  [1] Mt. 5, 44.
**22**  [1] Lc. 6, 27-28.

**23** Boni quidem sunt corporis dolores; et ii sunt qui nobis comparant puritatem corporis. Vobis autem proclamo, nisi humilitas cordis et mansuetudo et patientia et nos invicem perferre, nos tegant, sicut pili caprae qui tegebant aurum et argentum et hyacinthum et
5 cuprum et purpuram et coccum bis tinctum et byssum pretiosum et pelles arietum rubricatas ut sanguinem[1] — ille ardor spiritualis, quem ego intelligo, fore ut urat eos, et devoret et inanes faciat, et ad ventos deiciat.

**24** Sed isti alii, qui in medio sunt rerum huius vitae, si accidat ut
10 aliquis, eis humilior vel dignitate par, contra eos dicat aliquod verbum, solet ira eos implere statim, et maxima utuntur diligentia, ei malefacere volentes. Et si quis eos oret pro eo : « Parce ei, propter Deum », respondere solet : « At cur ausus est mihi contradicere ? Me despexit, et dignitatem meam afflixit; me despexit, cum iste et iste audiret ».
15 Eheu, qualem dolorem! Nonne proximo nostro parcemus propter Deum ? Quidni ? Quanam confidentia dicemus id quod in oratione scriptum est : *Dimitte nobis debita nostra sicut et nos dimittimus debitoribus nostris ?* [1] An numquam Deum despeximus nostris peccatis, sicut scriptum est : *Per praevaricationem legis Deum inhonorasti* [2] —
20 neque nobis mercedem dedit ? Certemus in futuro o fratres, percentes eis qui nos dolore afficiunt usque ad mortem, quia magnum est hoc meritum.

b) Contra mensuras dolosas.

**25** Volo autem vobis commendare hanc quoque rem necessariam,
25 quamquam de ea plurimas vices vobis locutus sum, secundum sententiam Apostoli : *Eadem vobis scribere mihi quidem non pigrum, vobis autem maius firmamentum* [1]. Sermo autem de quo vos admonere volo, hic est : caveamus ab istis mensuris dolosis. Numquam desinam accusare talem malam passionem, donec a Deo e vobis expulsa erit.
30 **26** Deus enim novit unumquemque hominem qui proximum suum fallat in mensura, sciens usque ad singulum quadrantem — sive est ille « sykostates », sive mercator, sive « auxiliarius », sive publicanus, sive est civis aliquis, sedens commutans [commutans aurum pro auro], sive quis est vendens merces — si iste fallit proximum suum

**23** [1] Cf. Ex. 25, 3-5.
**24** [1] Mt. 6, 12.  [2] Rom. 2, 23.
**25** [1] Phil. 3, 1.

sciens, etiamsi pro uno quadrante, ut dixi, si quod bonum umquam fecit, Deus ex eo auferet, et eum inveniet nudum ab omni bono, nec ullum signum erit in eo.

**27** An Deus ei poterit parcere propter hoc, hora eius necessitatis ? Hac re enim propheta clamavit ad Dominum : *Sanctifica eos in die* 5 *occisionis eorum* [1] — ut diximus alio loco; id est : etiamsi fecit bonum umquam coram te, et fefellit proximum suum aliquo modo, ecce abstulit ab eo id bonum, propter malum quod fecit proximo suo, et ibit ante te, nudus ab omni clementia die eius necis. « Istum — dixit — munda de bono quod fecit, et eat nudus coram te die suae necis». 10 Ecce vobis commemoravi eos qui in hanc iniustitiam ruunt, alia vice. Ille qui vult sermonem accipere, accipiat; qui autem nolit, ne acceperit. Ille qui paratus est ad necem die necis, paratus est.

## IV. Peroratio

**28** Ecce haec sunt bona quae usui nobis sunt ex insidiis et calum- 15 niis Athanasii, e quibus sermo propositum cepit, et pro nobis vigilavit ad nostram salutem. Opportune ergo dixi initio sermonis, utilem esse omnino doctrinam laudum magni Athanasii. Athanasius, nomen revera dulce apud eos qui honorati sunt. Credite mihi, quotiescumque eum nomino, sentio dulcedinem invadentem cor meum, fluentem ex 20 ore meo una cum eius nomine.

**29** Hoc loco autem consistam, et sermoni requiem dabo — video enim longius eum productum esse — et loquar de eius sancta commemoratione. Nam, ecce alterum est hoc encomium quod dixi in te, ego Constantinus minimus, o sancte pater noster Athanasi, pater 25 noster et magister noster et dominus noster, noster doctor et princeps, nostrum lumen et noster verus dux ad scientiam Dei.

**30** Tu ipse respice ad nos de caelo, et intercede pro nobis ante Deum, ut, hora qua Illi placebit, nos deponamus onus corporis et transeamus ad te, tenentes confessionem veritatis, quae est fides quam nobis 30 tu tradidisti, et tu nos accipias in tua tabernacula in aeternum. Etiamsi nimis est haec oratio, et modum petitionis superavimus, nos defer ad Deum et dominum, sequentes te, ambulantes prope te, ad te pertinentes, clamantes tecum voce illa, quae servavit terram universam : « Consubstantiales sunt Pater et Filius»; ut digni simus qui videamus 35 gloriam Trinitatis, secundum modum quo ad eum attingere poterimus.

**27**  [1] Ier. 12, 3.

**31** Trinitas sancta consubstantialis quam numquam deseruisti, pugnans pro ea usque ad ultimum flatum, propterea etiam nunc os clausimus Arianorum blasphemorum syntagmatibus theologicis. Ariani impii revera, qui Deum Verbum separant a substantia eius Patris :
5 Deum et Filium Dei vere, Verbum unigenitum, sapientiam, potentiam, imaginem Dei, invisibilem, lucem gloriae et aspectum eius firmitatis. Ariani autem soli non sunt, quorum os tuis verbis claudemus, sed ceteri etiam qui fuerunt transgressores fidei, dico illos qui convenerunt ad synodum Chalcedonensem, qui dissolverunt unitatem totius
10 mundi, audentes dividere indivisibilem, Deum Verbum, qui carnem accepit pro nostra salute, in duas naturas post unionem. Necnon illi, qui insipiunt insipientia Manis, et Valentini, et Marcionis, et Apollinarii, et Eutychii, usque ad Iulianum senem illum perversum, qui sunt phantasiastae Manichaei.

15 **32** Hos omnes simul nos icimus ictibus confessionis tuorum dogmatum, sicut ictibus e manibus Potentis. Revera enim *Sagittae tuae acutae, o potens, in corda inimicorum regis* [1]. Itaque herbam omnem quae crevit ex omnibus haeresibus, exsecuimus falce tuae doctrinae, a Deo inspiratae. Sed postquam nos duxeris ad Deum, dicens ante eum
20 cum fiducia : « *Ego et pueri mei quos dedisti mihi* » [2], ora pro nobis, pater noster, ut fiduciam inveniamus et tecum gaudeamus vita illius immortalitatis, secundum interpretationem tui nominis, intercessionibus tuis, et nostrae omnium Dominae matris Dei sanctae, nostrae principis et gloriae nostrae generationis, virginis sanctae Mariae;
25 illius quae invenit gratiam propter gratiam et philanthropiam magni Dei et nostri salvatoris, nostrae spei, unius e sancta Trinitate, de substantia Patris et Spiritus Sancti, qui est unicus cum Patre propter unitatem substantiae indivisibilis, qui genitus est a Patre ante saecula, sine tempore, sine fine, sine principio, quem Pater eius genuit, non
30 creavit, absit !, secundum dementiam Arii ; (qui est) lux vera de luce vera, Deus verus de Deo vero, rex Deus omnipotens bonus demiurgus potens, per quem Pater eius fecit omnia, qui omnia sustinet verbo suae potentiae, noster Dominus et noster Salvator Iesus Christus : cuius est gloria et laus per saecula saeculorum. Amen.

**32**  [1] Ps. 44, 6.    [2] Is. 8, 18.

# ENCOMII ALTERIUS FRAGMENTA

*B*[1]   I, **6** ...]dicere auderet cum Paulo pater noster Athanasius, qui iustitiam indutus est : *Abundantius illis omnibus laboravi* [1].

**7** Dei altissimi sacerdos revera Athanasius, ut scriptum est : *Sacerdotes tui induantur iustitiam* [1]. Et vere ille qui non indutus est iustitiam 5 — ut diximus alio loco — non est sacerdos Dei altissimi, etiamsi iactet se cognomine episcopatus, vel presbyteratus, vel diaconatus, vel ceterorum ordinum qui nomine vel veste iactantur. Secundum id, quod dixit propheta et sanctus apa Shenute : « ne quis me laudaverit propter nomen aut vestem; vacua enim ei sunt ». Pater noster autem 10 Athanasius iustitiam indutus est quasi vestem sacerdotalem; clericos *v* contra huius aetatis, dicere [...] || et disputationes, tamquam velamina menstrualia. Quapropter dixerunt : « princeps perditionem induetur ». Qui magis sunt principes quam illi qui habitant in domo Dei ? Sicut scriptum est : puri sunt principes terrae. Haec ergo dicit 15 eos vituperans : « *Principes eorum sunt infideles et socii furum, cupidi furtorum, laudem sectantes* » [2].

**8** Ceterum ne quis putaverit me haec casu dixisse; sed mihi credite hominem fidelem olim ad me venisse dolentem atque dixisse : « Si forte accidat ut aliquis nostrum — laicos dico — tamquam homo 20 peccet; clerici, loco eum vituperandi et obiurgandi propter alios homines Scripturarum verbis ne malum cupiant, et cum docendi, eorum vitam cum hoc cohaerentes; contra peccatum valde corroborant, et miserum fallunt huiusmodi sermonibus : « Misericors Deus est. Scriptum est — aiunt — *Misericordem et miseratorem esse Deum* [1] 25 Deus — aiunt — non erit asper [...

*B*[2]   III, **22** ...] in ullo loco totius Scripturae ieiuna ternos dies vel ieiuna quaternos dies vel ieiuna senos dies; sed iussit contra : *Diligite inimicos vestros, benefacite his qui oderunt vos, orate pro persequentibus vos, benedicite maledicentibus vobis; illi, qui maxillam percutiet dexte-* 30 *ram, etiam alteram porrige* [1]. Num ergo nobis placebimus, Deum nihil curabimus ?

**6**   [1] I Cor. 15, 10.
**7**   [1] Ps. 131, 9.     [2] Is. 1, 23.
**8**   [1] Iac. 5, 11.
**22**   [1] Lc. 6, 27-28.

**23** Et ea sunt quae nobis comparant puritatem corporis — dico illas magnas et frequentes asceses —. Vobis autem proclamo, nisi humilitas animi et mansuetudo et invicem patientia et mala perferre, nos tegant — praeter illas magnas regulas — sicut pili caprae quae
5 protegebant aurum et argentum et hyacinthum et cuprum et coccum bis tinctum et byssum pretiosum et pelles arietum rubricatas ut
*v* sanguinem [1], quibus rebus adhornabatur interius taberna || culum, et extra circumdatum erat pilis caprae — ille ardor spiritualis, quem ego intelligo, fore ut urat et devoret et inanes faciat et ad ventos
10 deiciat; et patiemur haec maxima tormenta, quia non tulerimus minima. Nos, qui nobis ipsis elegimus patientiam propter Deum et assumpsimus iugum sacerdotii simul et monachatus super nos et deiecimus curas et pericula mundi et omnia nisi curam nostrae animae et cibum tantum : ne perdiderimus magnas illas regulas quas perfecis-
15 semus, cum simus puri sicut aurum et argentum et cetera quae diximus, ad constructionem tabernaculi — dico humiliationem carnis, ieiunia, psalmodias, asceses — propter parvam rem, quae est invicem patientia in eos qui nos percutiant, quae est minima res et sine dolore, sicut pili caprae. Praesertim cum illae magnae regulae illi sint neces-
20 sariae. Itaque hoc quoque — illae magnae res quas fecerimus — efficit [...

*B3*    **IV, 31** ...] unitatem omnem mundi, audentes dividere indivisibilem, Deum verbum, qui carnem accepit pro nostra salute, in duas naturas post unionem. Necnon illi, qui insipiunt insipientia Manis et
25 Valentini et Marcionis et Apollinarii et Eutychii, usque ad Iulianum senem illum perversum, qui sunt phantasiastae Manichaei.

**32** Hos omnes simul nos icimus ictibus confessionis tuorum dogmatum sicut ictibus e manibus Potentis. Revera enim *Sagittae tuae acutae, o qui es potens, in corda inimicorum regis* [1]. Itaque herbam
30 omnem quae crevit ex omnibus haeresibus, exsecuimus falce tuae doctrinae, a Deo inspiratae. Sed postquam nos comitatus eris ad Deum,
*v* dicens || ante eum fidenter : « *Ecce ego et pueri mei quos dedisti mihi* [2], ora [...] pro nobis, pater noster, ut [fiduciam inveniamus] et tecum gaudeamus vita illius immortalitatis, secundum interpretationem tui
35 nominis, precibus tuis et intercessionibus tuis et nostrae omnium

**23**   [1] Cf. Ex. 25, 3-5.
**32**   [1] Ps. 44, 6.      [2] Is. 8, 18.

Dominae matris Dei sanctae, nostrae principis et gloriae nostrae
generationis, virginis sanctae Mariae; illius quae invenit gratiam
propter gratiam et philanthropiam magni Dei et nostri Salvatoris
et nostrae spei, unius e sancta Trinitate, de substantia Patris et Spiritus Sancti, qui est unicus cum Patre propter unitatem substantiae 5
indivisibilis, qui genitus est a Patre ante omnia saecula, sine tempore,
sine fine, sine principio, quem Pater genuit, non creavit, absit!,
secundum Ariani : (qui est) lux [vera] de luce vera, Deus verus [...

# INDICE DELLE CITAZIONI BIBLICHE *

* Ci si riferisce alla numerazione dei paragrafi.

# INDICE DEI NOMI

# INDICE GENERALE